U0918545

文成
天縱

民族語言文字叢書

MINZU YUYAN WENZI CONGSHU

北京師範大學圖書館 編

③

广西师范大学出版社
GUANGXI NORMAL UNIVERSITY PRESS
·桂林·

第三册目録

新編藏漢小辭典

下册

楊質夫編

民國二十一年（一九三二）

༄༅། །གསར་བསྒྲིགས་རྒྱ་བོད་མིང་གི་རྒྱ་མཚོ་བཞུགས་སོ། །

བམ་པོ་གཉིས་པ།

新编藏汉小辞典

下册

༄། །གསར་བསྒྲིགས་རྒྱ་བོད་མིང་གི་རྒྱ་མཚོ་བཞུགས་སོ། །

བམ་པོ་གཉིས་པ།

新编
藏漢小辭典

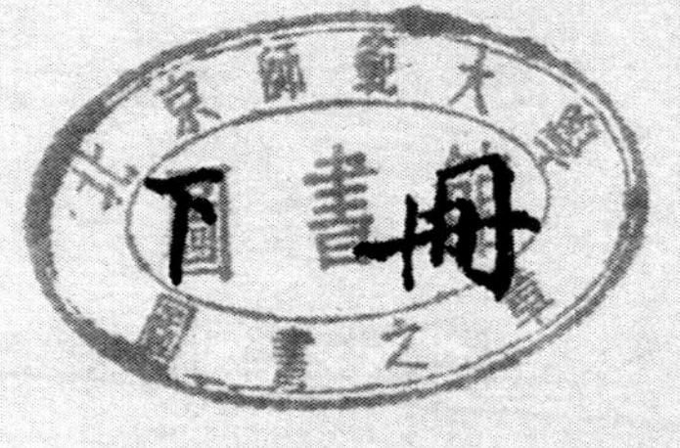

པ

པ 此字在文法學上稱為 བདག་པོའི་སྒྲ (主有聲). 可加於名詞, 動詞, 形容詞及他詞根之後, 則其原有意義即變, 亦有不變者, 此字用於添後字 ག, ད, བ, ས, ན, མ 之後, 若在添後字 ང, འ, ར, ལ 及無添後字之詞根, 則變為བ. 此字加於動詞根時表示該動詞為無定狀及分詞. 如 སྐྱངས་པ, མེད་པ, ཡོད་པ。加於地名或物名之後, 此字義為"者; 人," 如: རྟ་པ, 騎士; ཉ་པ, 漁人; ཆུ་པ 挑水者. ལྷ་ས་པ, 拉薩人; སེ་ར་པ, 色拉寺之僧.

པ་ཏ [名] 十字架

པ་ཏོ 或 པ་ཏོ་ལ [名] 一種植物及藥果

པ་ཐིན [名] 1. 木條. 2. 架; 棚. 3. 邊界

པ་ཚོ [名] 盛水之皮袋

པ་ཚབ [名] 西藏縣名及此縣之官吏

པ་རི 中藏為 སྒམ [名] 箱; 盒. (圓形者)

པ་སངས 或 ཕ་སང [名] 1. 金星. 2, 金曜日; 星期五.

པག 有時誤代 སྤག, [名] 1. 麥粉團 2, པའུ 磚; 瓦.

པག་ཅིལ [名] 泥磚; 窑磚

པག་ཟན (名) 麥粉

པགས་པ 或 པགས་པོ 參照 ལྤགས་པ. 1.皮、 2.果皮；樹皮.

པགས་བྱིའུ (名) 1.一種植物. 2,པ་ཝང, 蝙蝠.

པང 或 པང་པ (名) 懷；抱；膝部、པང་པ་གང་ 一抱 པང་ཁེབས 或 པང་གདན, 裙.

པང་བ (動) 捨棄；廢棄

པད་པ＝སྲིན་བུ་པད་པ (名) 水蛭

པད་མ (名) 荷花；蓮花. པད་འདབ, 荷瓣. པད་མའི་ལྡེ་བ, 蓮蓬. པད་མའི་རྩ་བ, 蓮藕.

པད་ཞྭ (名) 蓮冠；一種僧帽

པཎ་ཆེན 為 པཎྜི་ཏ་ཆེན་པོ 之縮寫 (名) 1.哲人，大班抵達 2, པཎ་ཆེན ཨེར་ཏི་ནི 之簡稱. 班禪喇嘛

7

པཎྜི་ཏ (名) 班抵達，哲人，學者. (精通五明者，稱為班抵達)

པན་པོ (形) 品行不完美.

པན་མཐའ (名) 旅行者；遊行者.

པར (名) 1.人造模. 2.印板.

པར་ཏང＝གདན་གྲུམ་རྩེ (名) 墊坐之毛氈

པར་བྱ [形] 廣播.

པར་ཤིག [名] 花名.

པར་སིག [名]1,波斯. 2,皮條.

པས 1,此字與動詞根合併,義為:"由;因為;自是以後;當時" 2,為表示比較之字,在添後字ང,འ,ར,ལ 等之後變為བ, 如 འབྲས་ལྗོངས་པས་བོད་ཡུལ་གྲང, 西藏較錫金寒冷.

པི [名] དུར་ཁྲོད 墓地.

པི་པི [名] 1,笛. 2,乳頭.

པི་པི་ལིང [名] 篳芐.

པི་ཝང [名] 六絃琵琶; 絃樂.

པི་རག(ནོར་བུ) [名]一種寶石或玉; 末尼.

པི་ལིང=པི་པི་ལིང.

པིག་མོ 參看 པུས་མོ.

པིར [名] 1,筆. 2,粉刷.

པིར་བ=མཉེད་པ [動] 研碎; 搗碎.

པུ་བ [動] གཙིར་བ 壓; 榨.

པུ་ཤེ 參看 སྤུ་ཤེ.

པུ་ཙེ=པུ་ཚེ.

ཕུ་ཚེ〔名〕糠；麥麩.

ཕུ་ལུ〔名〕石屋.

ཕུ་ཐུ〔形〕ཟླང་བར 漸變尖細.〔副〕秘密的.〔名〕1. 樓上；頂層. 2. 屋頂.

ཕུ་ཤུད〔名〕1. 戴勝鳥. 2. 屋頂之角.

ཕུག་ཏ〔名〕1. 架. 2. 箱中之格.

ཕུག་མ〔名〕頸骨.

ཕུང་པ 或 ཕུང་བ,〔名〕盛水或牛油之泥盆或木盆

ཕུན་ཙག〔名〕樹名.(花中可取黃顏料.)

ཕུར 與 རོ 同〔名〕尸體.

ཕུས་འཁྲུད = སྒོམ་ཐག〔名〕束於修行者體上之白條.

ཕུས་མོ〔名〕膝蓋；膝.

ཕེ = ཐུག་པ〔名〕肉糜湯.

ཕེ་ཀར, ཕེ་དཀར〔名〕護寺廟之首領或鬼王. 亦拼為 དཔེ་དཀར 或 དཔེ་ཧར.

ཕེ་ཙམ〔形〕少；小.

ཕེ་ཚེ〔名〕中藏之白菜.

ཕེ་ར〔名〕平籃.

ར

པེན་པ [名] 鉗子

པོ 1，བདག་སྒྲ，譬如 སྟོན་པ་པོ，指示者． བྱེད་པ་པོ，作者．2.表示具體名詞或陽性之字，加於名詞之後，與數詞聯絡時則為指定數詞如：ལྔ་པོ་此五者． གཉིས་པོ，此二者．

པོ་ཏ་ལ [名] 地名，凡三處．一為印度洋中之普陀羅，一為浙江定海縣之普陀山，一為拉薩之布達拉寺；相傳均為觀音之行化地．

པོ་ཏི=པུ་ཏི [名] 小書．

པོ་པོ [名] 外祖；祖父．

པོ་མོ [名] 祖母；外祖母．

པོག [名] 一種樹膠．

པོག་ཏ=ཇེ [名] 先生；主；貴族之稱呼．

པོག་ཕོར=སྤོས་ཕོར [名] 香爐．

པོད 參看 ཕོན．

པོལ [名] 一種熱病．

པྱུ I，[名] 璁玉．（大如扁豆，作裝飾用．）

པྱུ II པྱུ་མོ [名] 命運；徵兆．

པྱུ་ཆལ 或 སྤྱུལ་ཆལ [名] 詼諧；戲言．

པྱུ་བ [名] 一種植物

ཕྱ་ཚིལ = སྣང་རྩིགས་མ [名] 寮脈.

ཕྱོག་ཞྭ = སྤྱོག་ཞྭ [名] 冑；頭飾；冕.

དཔག [名] 度；量.

དཔག་ཚད [名] 踰繕那；由旬；四千尋；一哩.

དཔག་བསམ [名] 欲望；幻想；[形] 如意.

དཔགས [名] 麵糰. [動] རྡོད་པ, 積纍. [形] 深.

དཔང 或 དཔང་པོ [名] 保人；證人.

དཔངས 或 དཔང [名] 高；高度.

དཔའ 或 དཔའ་བ [名] 1.勇敢. 2.勢力；氣力. [形] 勇敢；有体力.

དཔའ་ཅན [形] 1.勇敢. 2.美麗. [名] 香草.

དཔའ་ཡ [名] 根似菜菔之一種葯.

དཔའ་པོ [形] 勇武；英武.

དཔའ་བ [名] 苦行者；有恆者；勇猛者.

ད

དཔའ་བོ [名] 1.英雄；勇武者. 2.一神名. [形] 英武.

དཔའ་མོ [名] 女英雄.

དཔལ [名] 1.榮譽；光輝；榮華. 2.昌盛；興旺. 3.才能 4.一種甜葉樹.

དཔལ་གོས [名] 荷花.

青海省政府印刷局印

དཔལ་སྤུག [形] 莊嚴.

དཔལ་ལྡན [形] 高貴；可讚. [名] 1. 人名，大富者. 2, 佛之名號

དཔལ་བེའུ 或 དཔལ་གྱི་བེའུ [名] 愛之結；吉祥結形如 ❀

དཔལ་འབྱོར [名] 1. 光陰；光輝；宏大. 2, 草霉. 3, 人之通稱.（借喻）

དཔལ་འབྲས [名] 木蘋果.

དཔལ་ཡོན [形] 佳運.

དཔུང [名] 1. 羣衆；大衆；勢力. 2, དམག་ཚོགས 軍隊.
[動] 完成式 དཔུངས, 集合.

དཔུང་གཉེན [名] 援軍.

དཔུང་གསོན [名] 生力軍；後備軍.

དཔུང་པ [名] 1. 臂；上腕. 2, 堆；堆集之物.

དཔེ = ཉེ་བ་འཇལ་བ [名] 1. 標本；模範. 2, 對比；譬喻. 3, 書；書本.

དཔེ་ཁང [名] 1. 圖書館. 2, 書店.

དཔེ་ཁྲི [名] 置書之桌；書架.

དཔེ་ཆ [名] 書.

དཔེ་བརྗོད [名] 1. 比較；模範. 2, 比喻；例.

དཔེ་བྱད 〔名〕相稱；均勻；端好.

དཔྱིན་པ 代 ཕངས་པ 或 ཡིད་འོང་བ 〔形〕1.極美；消魂. 2.有益；有用.

དཔེར་ན 〔副〕例如.

དཔོག་པ 完成式 དཔགས 未來式 དཔག 〔動〕1.測量；度量. 2.分配；勻分. 3.立定；設定.

དཔོད་རྩམ 〔名〕另箋或信中之附白.

དཔོན 或 དཔོན་པོ 〔名〕1.領袖；首領；主宰. 2.官；官吏. 3.工頭；監工.

དཔོན་འགོ = མགོ་དཔོན 〔名〕統治者；主宰；行政首領.

དཔོན་པོ 參看 དཔོན.

དཔོན་མོ 〔名〕1.女主；女首領；2.官吏或首領之妻.

དཔོན་གཡོག 〔名〕主與僕；官與民.

དཔོན་སློབ 〔名〕སློབ་དཔོན་དང་སློབ་མ．教師與學生.

དཔོར་བ 完成式及未來式為 དཔར 〔動〕口述而筆錄之

དཔྱ 〔名〕稅；貢

དཔྱ་བ = འཕྱ་བ.

དཔྱང་བ 完成式 དཔྱངས 命令式 ཕྱངས 或 དཔྱོངས 〔動〕垂下搖擺

垂下.

དཔྱད་ 参看 དཔྱོད་པ.

དཔྱས་པ [動] 歸罪於人.

དཔྱས་ཡོ [名] 大謬；過失.

དཔྱི [名] 1. 腹. 2. 後臂.

དཔྱིད [名] 1. དཔལ 恩惠；仁慈. 2. 春季.

དཔྱིད་ཀ [名] 春；春天.

དཔྱིས [名] 末尾；結尾；末端.

དཔྱེ་བ [動] 交換.

དཔྱེང་བ 為 འཕྱེར་བ 之古字

དཔྱེངས [形] 因臂骨痛而難伸縮腿部.

དཔྱོད་པ 完成式及未來式 དཔྱད་པ [動] 伺察；考察；窮理.

དཔྲལ་བ [名] 1. 額. 2. 眉.

དཔྲི [名] 1. 牛乳皮. 2. 牛乳和米之羹.

དཔྲུལ་དཔྲུལ [動] 抓；搔癢.

ལྤགས་པ = པགས་པ [名] 皮；獸皮；果皮.

སྤ [名] 1. རྒྱན་ཆ 裝具；裝飾品. 2. 竹；手杖. 3. 理髮.

སྤ་ཀོང = ཟིལ་གྱིས་གནོན་པ, སྤ་ཀོང་བ [動] 驚駭；制伏.

སྤ་སྐོར [名] 桶箍.

སྤ་ཆལ 或 སྤྲ་ཙལ [形] 不停歇； 不靜.

སྤ་ཏིལ [名] 匹對.

སྤ་དོང 或 སྤ་ལྡོང [名] 小桶； 盛水或牛乳之竹筒.

སྤ་བ＝དག་པོ.

སྤ་འབྲུམ [名] 果名.

སྤ་མ [名] 杜松.

སྤག [名] 麥麪糰； 滲牛乳或茶之麥粉.

སྤགས་པ [動] སྤོ་བ 變易； 自己轉變. [名] 肉羹； 鹽水.

སྤང [名] 1.板（俗言 སྤང་ལེབ） 2.石板. 3.旗. 4.濕泥.
5.草山.

སྤང་ཁ＝སྤང [名] 沼澤.

སྤང་ཁེབས [名] 裙； 圍裙.

སྤང་རྒྱན [名] 一種小秋花，分黃，白，藍三種.

སྤང་སྤོས [名] 甘松；（葯名）

སྤང་བ 1.參看 སྤོང་བ 2.[形] 有彈性； 輕鬆.

སྤང་མ [名] 1.青； 青色； 綠色. 2.葯名.

སྤང་ཁུན [名] 1.銅綠. 2.綠顏料.

青海省政府印刷局印

སྤང་རི (名) 草山；草坡.

སྤངས 為 སྤོང་བ 之完成式 (動) 放棄；棄捨.

སྤངས་པོ (名) 超脫者；棄絕一切者.

སྤད 僅見於ཡབ་སྤད (名) 父與兒輩.

སྤུན་སྙུན (名) 1.兄弟. 2,親戚.

སྤབས (名) 塵垢.

སྤམ＝མཛེས་པ 或 ལེགས་པ (形) 美；佳；雅緻；

སྤར་ སྤར་མོ (名) 1.爪；把；握； 2,淺鍋.

སྤར་ཁ (名) 八卦.

སྤར་བ 參看 སྤོར་བ (動) 擢升；高升；增力. 2,鼓勵；激動.

སྤར་མ (名) 一種下等灌木.

སྤུ (名) 毛；髮.

སྤུ་ཁ (名) 1.一種棉布. 2.毛色.

སྤུ་གྲི (名) 剃刀.

སྤུ་ནག (名) 牛；犛牛.

སྤུ་ཕྱུག 或 སྤུ་རྒྱུག (名) 氆氌.

སྤུ་ར (名) 刀.

སྤུ་ཤེལ (名) 琥珀.

སྤུག 〔名〕寶石名.

སྤུང་བ 完成式 སྤུངས་པ 命令式 སྤུངས 〔動〕1.堆積；纍．2.充滿.

སྤུངས 〔形〕許多；衆.

སྤུད 〔名〕裝飾品；錦繡．སྤུད་པ，以物飾之．

སྤུན སྤུན་ཟླ 〔名〕1.兄弟；兄弟姊妹．2.同志；同胞.

3.同寺之僧侶；同一保護神之人

སྤུན་པ 〔名〕簸出之糠；糟粕.

སྤུབ་པ 完成式 སྤུབས 〔動〕顛倒；反轉.

སྤུར 或 པུར，རོ་སྤུར 與 རོ 同，〔名〕尸骸.

སྤུར་རྒྱལ 〔名〕西藏之古稱.（死人國）

སྤུར་བ 為 འཕུར་བ 之分詞，〔動〕使飛；驚.

སྤུས 〔名〕品質；特質；特性.

སྤེག་ཤིང 〔名〕塌車之一部

༦ སྤེན་དཀར 〔名〕柳絮；垂絲柳之花.

སྤེན་པ 〔名〕1.土星．2.土曜日

སྤེན་མ 〔名〕1.垂柳．2.一種叢生灌木，（寺院用以砌墻者）

སྤེའུ 〔名〕堡壘或大門頂之尖塔.

སྤེལ་བ 〔動〕1.增益；添加．2.播散；傳布．3.乘.

(算術) 4.組合；著；作．

སྤོ (名) 極頂；高處．(山)

སྤོ་ད (名) 1.喇嘛旅行時所戴之黃毡帽．2.小牯羊．

སྤོ་བ 完成式及命令式為 སྤོས 為 འཕོ་བ 之分詞、

(動) 1.更換；改變；遷徙．

སྤོག་པ 完成式為 སྤགས, 命令式為 སྤོགས (動) 移開；遷徙．

སྤོགས 與 ཁ་སྤོགས 同 (動) 所獲；利．

སྤོང་བ, སྤང་བ 完成式 སྤངས 未來式 སྤང 命令式 སྤོང 或 སྤོངས

(動) 放棄；捨棄；拋棄．

སྤོད (名) 調料；調味品．(如椒,姜,葱)

སྤོད་པ (名) 1.隱士．2.誓；誡．

སྤོབས་པ (名) 1.辯才．2.自恃與智慧．3.勇敢．4.適合；適當．(動) 膽敢；冒險．

སྤོམ = མང་ཉུང (名) 平均數．

སྤོར, སྤོར་རེ (名) 1.一對小平盤．2.一種藥植物．

སྤོར་ཐང = ནག་རྩིས (名) 術．

སྤོར་བ སྤར་བ 完成式及未來式 སྤར (動) 舉高；升高．

སྤོས (名) 香；薰香．

སྤོས་དཀར (名) 芸香.

སྤོས་ཤིང (名) 1.香桌. 2,發性之家.

སྤོས་ཤེལ (名) 琥珀.

སྤྱང་ཁུ, སྤྱང་ཀི 或 སྤྱང་ཁྱི (名) 狼.

སྤྱང་གྲུང 或 སྤྱང་པོ (形) 聰明伶俐.

སྤྱང་པ = འཛུས་པ (形) 執；攫；捕.

སྤྱང་པོ 參看 སྤྱང་གྲུང

སྤྱད་པ 參看 སྤྱོད་པ

སྤྱན 為 མིག 之尊稱式 (名) 眼.

སྤྱན་སྔ (前) 在前；眼前.

སྤྱན་ཆབ = མིག་ཆུ (名) 淚.

སྤྱན་ལྟོས 與 མིག་ལྟོས 同 = ལད་མོ (名) 模仿.

སྤྱན་དྲངས 或 སྤྱན་འདྲེན་པ 與 གདན་འདྲེན་པ 同 1.邀請；聘. 2.聘任

སྤྱན་ར་བ (動) ཉར་བ 留心；注意. (名) 1.眼證；見證. 2,查閱；點驗. 3.監視人；查驗人.

སྤྱན་མ = མིག་མ (名) 眼.

སྤྱན་དམིགས (名) 入定時之視標；觀想.

青海省政府印刷局印

སྤྱན་གཟིགས 〔名〕獻品；供品；貢物；贈品.

སྤྱན་རས 〔名〕透徹之視察；觀察.

སྤྱི 〔形〕1.普通；公共；屬全體. 2.一切；全.

སྤྱི་ཁྱབ 〔名〕1.覆蔽一切者. 2.大臣；治數縣者.

སྤྱི་དོར 或 སྤྱི་གདོར 〔名〕參看 སྤྱི་བོ

སྤྱི་བརྟོལ，སྤྱི་གཏོལ 或 སྤྱི་གདོལ 〔形〕顏厚；無恥；膽大.

སྤྱི་ཟོག 〔名〕公有財産；大會或寺院之財産.

སྤྱི་པ 或 སྤྱི་དཔོན 〔名〕首領；魁首；引導者.

སྤྱི་བོ 〔名〕1.頭蓋 頭頂；顖門. 2.首領；監視者. 3.布之末端

སྤྱི་མ＝ཐུན་མོང 〔名〕公共；共同

སྤྱིང་བ 完成式སྤྱིངས 命令式སྤྱིངས 或སྤྱོང 為འབྱིང་བ之分詞.〔動〕衰落；隱沒；失落

སྤྱིན 俗語為དམ་རྩི〔名〕膠；脂；漿.

སྤྱིལ་པོ 〔名〕茅屋；草舍.

སྤྱུག་པ 完成式 སྤྱུགས 命令式 སྤྱུག 或 སྤྱུགས 〔動〕逐放；驅逐；流放.

སྤྱོ་བ＝གཤེ་བ 〔動〕責罵；詈罵.

སྤྱོང་བ＝དཔྱང.

སྤྱོད་པ 完成式及未來式為སྤྱད 〔動〕1.行；習行；練習. 2.究成；作；為；成功. 3.克制；威迫.（魔鬼等）

4.受用；享有；使用.〔名〕1.事業；行為； 2.完成一事. 3.已達的目的；已作之事. 4.職務. 5.狀態.

སྤྱོད་ཡུལ〔名〕行境；生活之範圍.

སྤྱོན 或 སྤྱོན་པ 與 ཕྱོན་པ 同〔動〕來；來此.

སྤྱམ་པ = སྨོད་པ〔名〕誹謗.〔動〕完成式 སྤྱམས.誇大；誇張.

སྤྱས་པ = བཀའ་བཀྱོན་པ〔動〕譴責；規勸.

སྤྲེ〔名〕猴；長尾猴.

སྤྲ་ཐོག〔名〕一草藥名

སྤྲ་བ〔名〕1.引火之植物 2.裝飾品.〔動〕完成式為 སྤྲས, 命令式為 སྤྲོས,裝飾.

སྤྲ་ཚིལ〔名〕1.已煮之米. 2.客臘.

སྤྲང་པོ〔名〕乞丐.

སྤྲོད་ཁ〔名〕物件之目單； 稅收之登記.

སྤྲོད་པ〔動〕1.與 གཏོང་བ 同、賜；給；付. 2.代 འཕྲོད་པ. 會遇；逢.〔名〕猴.

སྤྲས〔名〕裝飾品.

སྤྲས་པ〔動〕裝飾.

སྤྲི〔名〕乳皮.

སྤྲིང་བ＝གཏོང་བ 完成式 སྤྲིངས (動) 報告；傳信；送信.

སྤྲིན 或 སྤྲིན་པ (名) 雲.

སྤྲིན་སྒྲ (借喻) 雷.

སྤྲིན་བཅུད (借喻) 雨.

སྤྲེབས་པ (形) 飢餓.

སྤྲིས, སྤྲིས་མ (名) 1.泡沫；湯中之油泡. 2.牛乳皮.

སྤྲུ་བ 或 སྤྲུ་མ (名) 蘄艾. སྤྲུ་དཀར 獨活. སྤྲུ་ནག 槀本.

སྤྲུག་པ＝སྤྲོ་བ (名) 1.剖開；開 2.吹氣.

སྤྲུག་པ (名) ཟད་པ 消費；浪費. 完成式及命令式 སྤྲུགས (動) 1.震動；簸去(如塵埃) 2.自鼓舞；慌亂.

སྤྲུག (名) 國外之居所.

སྤྲུལ་སྐུ (名) 化身；肉身.(指喇嘛)

སྤྲུལ་པ (名) 幻象；幽靈；鬼；幻化. (動) 變化；變換.(幻術)

སྤྲུལ་པོ (名) 幻景.

སྤྲེ 或 སྤྲེའུ (名) 普通之猴；猿.

སྤྲོ་བ 完成式 སྤྲོས (為 འཕྲོ་བ 之他動詞. 亦作自動詞用) (動) 1.走出；前進. 2.散開；輻射；照耀. 3.闡明；增大. 4.志於；奮勉. 5.愉快；喜悅.

སྤྲོག་མ〔名〕盛乳香之小盒.

སྤྲོད དེ་ལྟ་ཐལ་ཏུ〔副〕即刻；即時.

སྤྲོད་པ 為 སྤྲོད་པ之第二式，འཕྲོད་པ之分詞〔動〕集攏；使會晤. 2,送信；傳消息. 3,交給；償付.

སྤྲོས་པ〔名〕顯示；幻景.

སྤྲོས་པ〔動〕為སྤྲོ་བ之完成式〔名〕1,職業，事業；職務.
2,戲論.

青海省政府印刷局印

ཕ

ཕ 〔名〕父親.（俗語為ཨ་ཕ）〔副〕彼處；遠處；對岸.

ཕ་ཁོལ 〔名〕障碍.

ཕ་གུ 〔名〕1.牆. 2.邊. 3.尾.

ཕ་ཏིང 〔名〕乾甜黄梅.

ཕ་ཏེར 〔名〕1.祖祭. 2.窑磚.

ཕ་ཐོང 〔名〕大圓石；磐石.

ཕ་མིང 〔名〕新娘之戚友.

ཕ་མེས 〔名〕父系之祖先.

ཕ་ཚོ =ཕྱེ་ཁུག 〔名〕袋；囊；乞食袋.

ཕ་ཝང 〔名〕蝙蝠.

ཕ་རག 〔名〕雄鹿羊等.

ཕ་རི 〔名〕1.一種粗氈. 2.彼岸.

ཕ་རོལ 〔名〕1.其他；局外人. 2.仇敵；反對者. 3.他世；在彼處者.〔副〕ཕ་རོལ་ཏུ，彼岸；彼處.

ཕ་ལི 〔名〕籐牌；盾.

ཕ་ལོགས =ཕ་རོལ.

ཕག 〔名〕1.隱密或秘密之物；隱匿之部. 2.孔隙.

ཕག་པ 或 ཕག [名] 豬；豕.

ཕག་མཚོ [名] 一種礦物藥.

ཕག་རགས [名] 壁壘；備衛之溝濠.

ཕང 代 འཕང [名] ཕང་བུ 或 ཕང་མ. 轉柱.

ཕང་ཕྱུང = ལང་ལིང 或 འཕར་འཕྱུར [副] 片片；纍纍.

ཕང་བ 完成式 ཕོངས་པ [動] 節用；儉省.

ཕང་མ = ཕང་བ、

ཕངས [名] 損失.

ཕད (སྣོ) 1. 毛或棉製之大口袋. 2, 蠍尾之針.

ཕན [名] 纓；流蘇；旛 [前] ཕན་ལ 迄；至；及.

ཕན་པ [動] 有益；有用. [名] 1.利益；有用. 2.力；能力. 3.勝利.

ཕན་ཚུན [副] 彼此；前後；互相.

ཕན་ཡོན [名] 功德；勝利.

ཕབ = ཆང་རྩི, [名] 酒母.

ཕབ་པ [動] 降下.參看 འབེབས་པ.

ཕམ 為 འཕམ 之完成式

ཕམ་ཕབ [動] 給殘餘食物於人.

ཕཱུ = པག

青海省政府印刷局印

ཕར [名] 1,交換 2,利息. [副] 彼處; 那邊.

ཕར་ཀན = ཕ་རོལ 或 ཕ་ཕྱོགས.

ཕར་ཁ = ཕ་རོལ [名] 彼岸; 對岸.

ཕར་ཕར [副] 1, 間接. 2, 最後; 後來.

ཕར་ཕྱིན 為 ཕ་རོལ་ཏུ་ཕྱིན་པ 之縮寫. [名] 到彼岸; 波羅密多.

ཕར་བ [名] 豺狼; 野狗.

ཕལ་ཆེན [形] 寬; 廣.

ཕལ་ཆེར [副] 大半; 通常; 最多.

ཕལ་བ = དཀྱུས་མ [形] 普通; 普常. [名] 適合者.

ཕས 為 ཕ 之具格.

ཕི 藏西代 ཕྱི.

ཕི་གླིང 或 ཕྱི་གླིང་པ [名] 1, 外國人; 歐洲人. 2, 英國人.

ཕིག་ཕིག [形] 似果漿. [名] 一種菓漿或牛肉汁.

ཕིང [名] 1, 豆粉絲. 2. 陶泥杯.

ཕིང་པ 或 ཕིང་བ 代 ཕྱིང་བ.

ཕིབས [名] 圓頂; 華蓋.

ཕིར་བ [動] 落下.

ཕུ [名] 1, 山谷之上部. 2, 高地.

ཕུ་གྲལ (名) 兄輩；長兄.

ཕུ་དུང 或 ཕུ་ཐུང (名) 袖；短袖.

ཕུ་དུད (名) 尊敬；敬重. (形) 脩身.

ཕུ་བ 為 འབུད 之完成式 (動) 吹；吹氣.

ཕུ་བོ (名) 哥；兄長.

ཕུ་ཤོ (名) 高山谷中之一種植物.

ཕུ་ཕུ (形) 1. 噓氣.(厭惡或不贊許之表示) 2. 以口吹氣.
(如食時因食物甚熱而吹,為僧律所不許)

ཕུ་རོན = ཕུག་རོན.

ཕུ་ཤུད (名) 戴勝鳥.

ཕུག་པ (名) 石隙；石窟；石洞.

ཕུག་མ (名) 1. 糠. 2. 灰.

ཕུག་རོན (名) 鴿.

ཕུགས (動) 為 འབུགས་པ 之未來式 (名) 1. 極端；極度. 2. 極深奧者. 3. 最後；結尾.

ཕུང་བ = འཇིག་པ (動) 損壞；毀滅；損失.

ཕུང་པོ (名) 捆；束(如草)；堆；聚集之體；羣.(如動物) 2, 蘊；陰. 3, 峯；坡.

青海省政府印刷局印

ཕུང་བ 參看 འཕུང་བ.

ཕུང་གཞི 名 毀滅；壞.

ཕུད 動 參看 འཕུད་པ 名 1.標本；樣. 2.嘗新(如獻新出之果於神.)

ཕུད་པ 為 འཕུད་པ 完成式 動 1.拋；擲. 2.開除；逐出. 名 髮結.

ཕུན་ཚག 名 一捆；一束.

ཕུན་ཚོགས 或 ཕུན་སུམ་ཚོགས་པ 形 圓滿；完成；成功；高尚. 名 功德；成功；精華.

ཕུབ 名 1.鎧；甲. 2.盾；胸甲.

ཕུབ་པ ＝ འཕུབ་པ 動 探察；思索.

ཕུབ་མ 名 1.糠；灰. 2.遺穀；麥衣；草尾.

ཕུར་པ 名 1.橛；掛物之木釘；鐵釘；鐵橛. 2.三棱短劍. 形與副 深入；刺入.

ཕུར་བ 動 1.參看 འཕུར་བ，飛過；以尖利之器畫過 2.加浮雕.

ཕུར་བུ 名 木；木星. 2.木曜日；星期四.

ཕུར་མ 名 1.＝ འབུར་མ 浮雕；浮凸飾. 2.摺葉成漏斗形之器. 3.一種藥粉.

ཕུལ，ཕུལ་གང 名 一握.

ཕུལ་བ 動 為 འབུལ་བ 之完成式. 名 禮物；贈品.

ཕུལ་བྱུང 或 ཕུལ་དུ་བྱུང་བ [形] 卓越；完成.

ཕེ 藏西及錫金代ཕྱེ [名] 粉；末.

ཕེ་ཀ [歎] 呀；啊.

ཕེག་རྡོག [名] 一種樂器；手鼓.

ཕེབ་པ 完成式ཕེབས [動] 1.來；至. 2,去；往.(均用於尊重語中)

ཕེར་པོ [名] 善於詞令交際者.

ཕེར་བ [動] 能幹；克當.[形] 有用；有益. 同價值或效力.

ཕོ [名] 男子；牡；雄.

ཕོ་གློང [名] 1.膀胱. 2.肺.

ཕོ་ཆེ་བ [形] =ཁང་པ 高貴；尊榮.

ཕོ་ཉ 或 ཕོ་ཉ་བ [名] 1,欽差；代表；使者. 2,天使.

ཕོ་ཉིད [形] 連續；相接.

ཕོ་བ [名] 1,胃. 2,反芻獸之第二胃

73 ཕོ་བོ=སྤུན་ཆེན་པ [名] 長兄.

ཕོ་བྲང [名] 1,宮殿；府邸. 2,城鎮.

ཕོ་མ=མ་ཉིང་པོ, [名] 屬男之中性人.

ཕོ་མཚངས [名] 陽物.

ཕོ་ཚོད 或 ཕོ་སོ [名] 性質；勇力；毅力.

ཕོ་ཚོད (名) 1. 推度；計算；度量. 2. 自估；自重. 3. 胭脂.

ཕོ་མཚན (名) 1. 陽性. 2. 陽物.

ཕོ་ཡན 與 ཕོ་རང, ཕོ་རྒྱང 同. (名) 騾.

ཕོ་རོག 俗語代 བྱ་རོག (名) 烏鴉.

ཕོ་ལོག (名) 霍亂病.

ཕོ་ལོང (名) 一種素清油.

ཕོ་ལྷ (名) 1. 男子之保護神. 2. 大人；先生.（禮貌語）

ཕོག (動) 參看 འཕོག (名) 1. 工資；薪. 2. 卹金；施助.

ཕོང 參看 འཕོང་བ ཕོང་བ 代 པང་བ

ཕོངས་པ (形) 貧窮；匱乏.

ཕོད་ཀ 或 ཕོད་ཁ (名) 喇嘛之戲衣；長袖之舞衣.

ཕོད་པ = ནུས་པ, ཐུབ་པ (動) 1. 可能. 2. 爭鬥. 3. 威廹.
4. 拒抗；可敵.

ཕོན 或 ཕོན་པ (名) 1. = ཚོགས་པ, 一把；一束 2. རྒྱན་པོ,
球形；一叢. 3. 蘇流；纓；穗.

ཕོན་ཆེན = མང་པོ (形) 許多.

ཕོབ 參看 འབེབས་པ.

ཕོམ་པ = བུམ་པ (名) 瓶；壺；罐.

ཕོར་རྗེ [名] 羅鳥之網； 捕鼠器.

ཕོར་པ [名] 盤；杯.

ཕོལ [名] 泡(燙起者) ཕོལ་མིག 圓；圈； 瘡傷.

ཕོས 為 འཕོ་བ 之完成式

ཕྱ，ཕྱྭ [名] 命運；鴻運； 機會.

ཕྱར [名] 牛毛呢之門帘.

ཕྱག 與 ལག་པ 同 [名] 1.手. 2,敬禮；禮拜；致敬.

ཕྱག་མཁར [名] 手杖；拐杖.

ཕྱག་རྒྱ [名] 1.與　同.印章；關防. 2,記號；手勢.

ཕྱག་ཆ 代 ལག་ཆ [名] 器具.

ཕྱག་རྗེས 1.與 ལག་རྗེས 同.手印；手模. 2,禮物；贈品.

ཕྱག་རྟེན = ཕུལ་བ 或 ཕྱག་རྟེན [名] 贈品；與信同送之紀念品.

ཕྱག་དམ [名] 印；關防；鈐記.

ཕྱག་དཔུང [名] 手腕.

ཕྱག་ཕྱི = ཞབས་ཕྱི [名] 僕從；侍者.

ཕྱག་བྲིས [名] 手抄本； 原稿； 書信.

ཕྱག་མ [名] 笤帚； 掃帚； 布帚.

ཕྱག་ཚང = མ་ཆེན [名] 庖丁.

青海省政府印刷局印

ཕྱག་འཚལ་བ [動] 敬禮；頂禮.

ཕྱག་མཛོད [名] 司庫；會計員.

ཕྱག་ར＝ཕྱག་ཁྲ [名] 厠所.

ཕྱང་ངེ་བ [形] 1.垂下. 2.細長；柔軟. 3.直；伸直.

ཕྱང་ཆད＝ཐག་ཆོད [形] 確實；無疑.

ཕྱང་ཐུལ [名] 1.頸珠. 2.垂下之裝飾品.

ཕྱང་ཕྱོང ཕྱོང་ངེ་ཕྱོང་ངེ [副] 搖擺；徘徊前進.

ཕྱང་བ, འཕྱང་བ [形] 1.有恆. 2.固定；穩當.

ཕྱན་བ [名] 不斷之旋轉.

ཕྱམ་ཕྱད＝མཉམ་པ་ཉིད [名] 平均；平等；無私.

ཕྱར་ཁ [名] 責罵；侮罵.

ཕྱར་བ [動] 懸掛；飄揚.

ཕྱལ [名] 腹；肚.

ཕྱལ་ཕྱོལ [形] 鞠躬；俯伏.

ཕྱི [副] 1.後；在後. 2.外；在外 3.ཕྱི་ལ,以後；後來.

ཕྱི་ནག [副] 後來；最近之將來.

ཕྱི་ནར [名] 恐嚇；恫嚇.

ཕྱི་དྲོ 或 ཕྱི་རོ [名] 1.黃昏；夕. 2.下午.

ཕྱི་བ (名) 大鼯鼠.

ཕྱི་མ 參看 ཕྱི་མོ (副) 1, 後來；以後. 2, 在後面.

ཕྱི་མོ (名) 祖母；外祖母. (形)與(副) 後來；最後.

ཕྱི་རེམ (名) 外帶.

ཕྱི་རོལ (名) 外部；外界.

ཕྱི་ལེབ (名) 毡毯.

ཕྱི་ཤེ (名) 衣面.

ཕྱི་ས＝མི་གཙང་མ (名) 糞

ཕྱིང་བ (名) 毛製之毡衣；毡襖.

ཕྱིད (形) 後來；隨後.

ཕྱིད་པ (動) 1,＝འདུད་པ 使夠. 2, 凍冰.

ཕྱིན་ཆད (副) 以後；後來.

ཕྱིན་པ (動) 1, 起程；動身. 2, 抵；達到. (名) 將降臨者；當來者. (副) 1, 後來；此後. 2, 在外；外.

ཕྱིར (副) 1, 再；重復. 2, 向後. 3, 在外；外面. 4, 後來；以後. (前) 1, 由為；由於. 2, 為……起見；由……故.

ཕྱིར་ཕྱོགས＝ཕྱིར་ལོག (形) 心不傾向；不關心.

ཕྱིས (副) 1, 後；後來；最後. 2, 在後；後面. (動) 抹；擦.

青海省政府印刷局印

ཕྱིས་བུ = སྣོད (名) 器皿.

ཕྱུག 或 ཕྱུག་པོ (形) 富.

ཕྱུགས (名) 家畜；牲畜.

ཕྱུགས་ཕྱུང = གཞོན་ནུ་མ (名) 少女；處女.

ཕྱུང་བ = བཏོན་པ 或 འཕྱུང་བ 常代 འཕྱིར (動) 1.逐放；充軍.
2.抛；擲. 3.盈溢.

ཕྱུར་བུ (名) 1.草堆；禾堆；柴堆. 2.乾酪；酪渣.

ཕྱེ (名) 粉；末；屑. (動) འཕྱེད་པ 之完成式.

ཕྱེ་མ (名) 粉；末；灰屑.

ཕྱེ་ལེབ (名) 亦作 ཕྱེ་མ་ལེབ. 蝴蝶.

ཕྱེད 或 ཕྱེད་ཀ (形) 一半.

ཕྱེད་པ = འགྱུར་བ (動) 變更.

ཕྱེར = ཁག་རླུང་དྲི་མ (名) 氣；胃氣.

ཕྱེམ་རེད (名) 下午. (由一點至三點)

ཕྱོ་ཕྱོ, ཁྱི་ལ་ཚད་པ (名) 嗾使狗之詞.

ཕྱོགས (名) 方向；方面.

ཕྱོགས་པ (動) 1.分歧；離 .2.明顯. 3.會面；面相. 4.傾向.

ཕྱོགས་མེད (形) 1.公平. 2.無國. (名) 流氓.

ཕྱོགས་རིས (形) 偏袒；偏私；(名) 黨派.

ཕྱོད་པ (動) 完全；貫通.

ཕྱོར (動) 懸起；吊.

ཕྲ་བ 或 འཕྲ་བ (形) 1.佳美；雅緻；纖細.2.細；極微；微小.

ཕྲ་མ (名) 兩舌；離間；誹謗.

ཕྲག (名) 1.間隙. 2.集合體.(用於主要數詞之後) 如

བརྒྱ་ཕྲག 一百. སྟོང་ཕྲག 一千

ཕྲག་དོག (名) 嫉妒.

ཕྲག་པ = དཔུང་པའི་འགོ (名) 肩.

ཕྲང 參看 འཕྲང.

ཕྲད, ཚིག་གི་ཕྲད (名) 加與字後，表示與他字有關之接尾字.

ཕྲད་པ 為 འཕྲད་པ 之他狀 (名)或(動) 相逢；友遇.

ཕྲད་པོ = ཁད་པོ

༩༤

ཕྲན 或 ཕྲན་བུ = ཕྲ་མོ (名) 1.瑣細；少許 2.身體之部分. 3.

外科之手術. 4. ཕྲན་ཚང, 鄙人.(書信中用)

ཕྲལ (名) 1.現在；目今. 2.最近；暫.

ཕྲི་བ 參看 འཕྲི་བ 或 སྲིད་པ (動) 減少；縮小.

ཕྲིན = འཕྲིན (名) 消息；新聞；音信.

ཕྲིལ 俗語代 རྒྱལ （西藏牧人語）མཚན་ཕྲིལ＝མཚན་རྒྱལ[名]

全夜；通晚.

ཕྲུ་གུ 參看 ཕྲུག [名] 小孩；崽；駒雛.

ཕྲུ་བ＝ཛ་མ（俗語）[名]陶器之缸盆.

ཕྲུ་མ [名] 1.子宮. 2,＝ཕོ་བྲང 宮殿；堡壘.

ཕྲུག, ཕྲུག་གུ 或 ཕྲུ་གུ [名] 小孩；小獸；鳥雛. 2, 氆氌.

ཕྲུགས 或 ཕྲུགས་གཅིག [名] 一晝夜；二十四小時.

ཕྲུམ, ཕྲུམ་རུས [名] 脆骨；絲帶.

ཕྲེཙུ＝སྐེ་རགས་ཕྲ་བོ [名] 好腰帶；細帶.

ཕྲེང＝རིམ་པ [名] 次序；層次；步程.

ཕྲེང་བ 參看 འཕྲེང་བ [名] 1, 次序；排列. 2.花圈. 3.鬘；念珠.

ཕྲད་པ 源於 འཕྲད་པ [動] 遇. [名] 相交之物；交叉.

ཕྲོག 為 འཕྲོག་པ 之完成式.

ཕྲོགས 為 འཕྲོག་པ 之完成式及命令式.

ཕྲོབ 參看 འཕྲོབ་པ.

ཕྲོམ

ཕྲོམ་སྒྲག, ཁྲོམ་སྒྲག [形] 公開；公布.

འཕག་པ 完成式 འཕགས་པ [動] 升起；提高；上升.

འཕགས་པ [名] 1,卓越. 2,聖者; 聖人.

འཕགས་མ [名] 聖母; 聖女.

འཕགས་ཡུལ [名] 聖地.(即印度) འཕགས་སྐད 梵語.

འཕང 或 འཕངས [名] 高.

འཕང་བ 或 འཕངས་པ 為 འཕེན་པ 之完成式.

འཕང་མ [名] 益母草.

འཕང་ལོ = འཁོར་ལོ [名] 1,輪; 圈; 循環. 2,軸; 紡車.

འཕངས་པ [動] 1, = བསྐྱུད་པ、 2,為 འཕེན་པ 之完成式. 投擲; 搖動. 3,節用; 省儉.

འཕན [名] 參看 ཕན [動] 投; 擲.

འཕན་པ = ཉམས་པ.

འཕམ་པ 完成式 ཕམ [動] 1,敗; 降伏; 征服. 2,屈從.

འཕར [名] 小板; 鏡板.

འཕར་བ [名] = ཕར་བ, 豺狼; 野犬; 山犬. [動] 為 སྤོར་བ 之動名詞, 1,跳躍; 怔忡. 2,提高; 升擢; 增進; 增加.

འཕར་མ = ལྷག་པ 或 ལྷག་མ [名] 盈溢; 過度.

འཕལ་ག [名] 斷口; 割開.

འཕིག་པ 或 འཕིགས་པ 為 འབིགས་པ 之完成式.

青海省政府印刷局印

འཕུག་པ 同 འབུགས་པ [動] 鑿；穿孔.

འཕུང་བ 完成式 ཕུང [動] 衰落；頹廢；腐朽；變壞.

འཕུངས་པ [名] 集合眾人.

འཕུད་པ [動] 移開；擱置.

འཕུབ་པ [動] 支；搭

འཕུར་བ 完成式 ཕུར [動] 1. 飛. 2, 搧；鼓動.

འཕུལ [名] 加於字根前面或後面之字母.

འཕུལ་བ [動] 1, =འབུལ་བ 給與；施. 2, 送；推；擠.

འཕེག

འཕེན་པ 完成式 འཕངས 未來式 འཕང 命令式 ཕོང [動] 投；擲.

འཕེར་བ [動] 升起.

འཕེལ 完成式 ཕེལ [動] 1, 增加；推廣. 2, 蒐集；集聚；盈溢.

འཕོ་བ 完成式 འཕོས 命令式 ཕོས་ཤིག [動] 遷徙；移去；去.

འཕོག་པ 完成式 ཕོག [動] 擊中；碰着. 2, 感動；影響；接觸. 3, 相撞.

འཕོང [名] 射；射藝.

འཕོངས་ལྕག =རྟ་ལྕག [名] 馬鞭.

འཕོང་ཚོས [名] 臀部；屁股.

འཕོངས་པ [動] 完成式 འཕོངས 或 ཕོངས 匱乏；貧窮；不幸.

損失. [形] 1. 貧乏. 2, 不幸. 3, 悒鬱.

འཕོང་བ = ཕོང་བ.

འཕོན་པོ [名] 一捆；一束.

འཕོབ་པ = འཕེབས་པ.

འཕོས [動] 1, 參看 འཕོ་བ. 2, 死亡.

འཕྱ་བ 完成式 འཕྱས [動] 1, 責罵；譴責. 2, 嘲弄；侮辱.

འཕྱག་པ 完成式 འཕྱགས [動] 掃除；拂拭.

འཕྱང་བ 完成式 འཕྱངས [動] 垂下；懸掛；飄蕩.

འཕྱང་མོ = ཐེ་ཚོམ [名] 懷疑；躊躇.

འཕྱངས [名] 1, 多言者. 2, 歌者. 3, 杜鵑.

འཕྱན་པ [動] ཡན་པ 慢步；徘徊.

འཕྱར [名] 屋脊.

འཕྱར་ཁ [名] 羞辱；譴責.

འཕྱར་པ [形] 瀆灑.

འཕྱར་བ 命令式 འཕྱོར 與 ཕྱོར [動] 1, 掛起；舉起 2, 刺激；鼓勵.

འཕྱི་བ [名] 亦稱 ཕྱི་བ 鼬鼠. [動] 1. 完成式 ཕྱིས 或 འཕྱིས

1. 遲延；躭擱. 2, 拭去. 3, 移去；取去；拔根.

འཕྱིག་པ = འཆིག་པ [動] 束縛.

青海省政府印刷局印

འཕྱིད་པ [動] 1,足夠. 2,= འཕྱུ་བ

འཕྱིལ་བ 代 འཁྱིལ་བ [動] 扭;轉;盤.(髮)

འཕྱུག་པ 或 འཕྱུགས་པ = ནོར་བ 或 འཆུག་པ [副] 錯誤;誤謬;誤會;誤解.

འཕྱུར་བ [動] 1,升騰.(煙) 2,泛濫;溢. 3,堆集.

འཕྱེ་བ 完成式 འཕྱེས [動] 爬行、(如蛇)

འཕྱེ་བོ, འཕྱེ་མོ [名] 匍匐;跛者.

འཕྱེར 參看 སྦྱེར [名] 胃氣.

འཕྱོ་བ 完成式 འཕྱོས་པ [動] 1,激動;急跳.2,翱翔;徘徊;跳躍.3,流出;溢漲

འཕྱོང་བ [動] 1,= སྐྱོང་བ 保護. 2,放棄;捨棄.

འཕྱོན་མ [名] 娼妓.

འཕྱོར་བ [動] 1,ཡོར་བ 發狂. 2,參看 སྦྱར་བ; ཚོར་བ.

འཕྱོས་མ [名] 1,贈戚友之物. 2,贈新娘之聘金.

འཕྲ་བ 完成式 འཕྲས [動] 踢;掙扎.

འཕྲ་ཞགས [形] 剃淨;鬍鬚修淨.

འཕྲག་པ = ཕྲོག་པ [動] 踢蹄.(馬)

འཕྲང = གུ་དོག་པོ, 或 ཁང [名] 難通過之狹道.

འཕྲད་པ 完成式及未來式 ཕྲད, [動] 遇會;相逢.

འཕྲབ་པ＝འཕྲ་བ與འཁྲབ་པ [動] 搧；鼓翼.（鳥受傷時）

འཕྲལ或ཕྲལ[形]或[副] 此刻；暫時；頃刻；即刻.

འཕྲལ་བ 完成式ཕྲལ未來式དབྲལ命令式ཕྲོལ 為 འབྲལ་
之分詞.[動]1.(與དང 同用)分開；分離 2.斫割；裂開.

འཕྲི་བ 完成式與命令式 ཕྲིས 未來式 དབྲི [名] 減少.

འཕྲིག་པ [動] 懷疑；不決.

འཕྲིན [名] 1,＝ཕྲིན 往來之書札；2,新聞；消息.

འཕྲིན་ཡིག [名] 書信. འཕྲིན་ལན 回信.

འཕྲིན་ལས [名] 1,與ལས同，事業；事務；工作.

འཕྲུ་བ，འཕྲུ་མ參看 ཕྲུ

འཕྲུག་པ 完成式ཕྲུགས [動] 抓於體.

འཕྲུལ་[名] 變化；神變；妖術；幻術.

འཕྲུལ་འཁོར [名] 1.輪轉之機；機器. 2.輪；法輪.

འཕྲུལ་དགའ [名] 化樂天.（一天宮名）

འཕྲུལ་སྦུར [名] 導尿管.

འཕྲུལ་སྣང [名] 1.欺騙；佯為. 2.奇異；驚異.

འཕྲུལ་བ [動] 1,為སྤྲུལ་བ之動名詞.變化；幻化. 2,＝འཁྲུལ་
བ 錯誤；謬誤. 3,辨別；分別.

青海省政府印刷局印

འཕྲེ་བ 完成式 འཕྲེས [動] 1. 依靠. 2, 放置.

འཕྲེང་བ 或 འཕྲེང [動] 結牢; 緊縛; 記牢. [名] 1, 次序; 排列. 2, 鬘; 鏈; 鐶; 列; 串.

འཕྲེད 或 འཕྲེད་ལ [副] 横過; 斜過.

འཕྲོ [名] 1, 进步; 進行. 2, ＝ལྷག་མ 所餘; 賸餘; 殘餘

འཕྲོ་བ 完成式 འཕྲོས, 為 སྤྲོ་བ 之動名詞, [動] 1, 進取; 前往. 2, 流出; 發出; 散布. 3, 進行; 繼續.

འཕྲོག་པ 未來式 ཕྲོག, 完成式 ཕྲོག 或 ཕྲོགས, 命令式 ཕྲོགས, [動] 1, 搶奪; 剝奪; 奪去. 2, 竊用.

འཕྲོད ＝ སྤྲོད་པ 與 འབུལ་བ 同. [名] 供奉; 貢獻.

འཕྲོད་པ [動] 完成式 ཕྲོད 為 སྤྲོད་པ 之動名詞 1, 賜; 給. 2, 交付. [形] ＝ ཕན་པ 或 མཐུན་པ, 適當; 適合; 相宜.

འཕྲོབ་པ ＝ འཕབ་པ.

འཕྲོལ་བ ＝ འཕྲུལ་བ.

འཕྲོས (從 འཕྲོ་བ) ＝ ལྷག་ལུས [名] 殘餘; 尾數.

བ

བ I 參看ཝ 此字之讀法隨其位置而變.

བ II བ་མོ 〔名〕牛、

བ་ཀ 〔名〕一種樹.

བ་དཀར 〔形〕白 〔名〕石灰.

བ་གམ 〔名〕閣；圓屋頂.

བ་གླང 〔名〕牯牛.

བ་བཀྲ 〔名〕蜘蛛網.

བ་ཚར 〔名〕1.蔽私處之布 2.下衆之遇、

བ་ཏེ 〔名〕量穀器,(等於四磅)

བ་ཐག 〔名〕蜘蛛網；果莖.

བ་དན 〔名〕1.旛 2.短劍；短刀.

བ་དེ 〔名〕一種樹.(其子可藥用)

བ་ཏུ 〔名〕石中乳、(藥)

བ་སྤུ 〔名〕汗毛；身上之短毛.

བ་བླ 〔名〕石黃；黃信石.

བ་འབོག 〔名〕塊；泥塊.

བ་མེན 〔名〕大額野牛.

青海省政府印刷局印

བ་མོ (名) 1,=བ, 牛. 2霜.

བ་ཚྭ (名) 1.海水. 2.不潔之蘇達水. 鹼；鹹水.

བ་ཟུར (名) 川楝.(藥)

བ་ལ (名) 草鬼見愁.

བ་ལང 似 བ་གླང (名) 小牯牛.

བ་ལུ

བ་ལི་ཀ (名) 木通

བ་ཤ་ཀ (名) 鬧楊花(藥)

བ་ཤུ (名) 瘡癤；疔.

བ་སོ (名) 象牙.

བག I (形) 1,=ཆུང་ཟད, 少許；細微. 2、疏忽；無畏.
(名) 1.狹處. 2.留心；謹慎.(指道德上之畏惡)

བག II (名) 食；饍；餐；麪.

བག་ཆགས (名) 習氣；習慣；性癖.

བག་ཡོད (形) 守禮；謹慎. (名) 自尊者.

བག་ཕེབས=སྐྱི་བ (形) 舒暢；閒適；無憂慮.

བག་པ (動) 畏懼；畏憚；心身不寧.

བག་མ (名) 新娘；新婦.

བག་མེད〔形〕1.放逸；不謹慎；不虔誠. 2.不忠厚.

བག་ཚ་བ〔形〕畏懼；驚慌.〔名〕懼；膽小；驚惶.

བག་ཡངས〔形〕無畏.

བག་ཡོད〔名〕1.不放逸；謹慎者. 2.虔誠盡職守法者.

བགས＝རིམས〔副〕漸漸；慢慢.

བང〔名〕1.徒步競走 2.信差.

བང་ཁྲི〔名〕架

བང་ཆེན 或 པ་ཆེན་མ＝འཕྲུར་མི〔名〕信差；驛夫.

བང་བ 或 བང་མཛོད〔名〕1.儲藏所 2.穀倉 3.庫.

བང་སོ 或 བང་ཏོ〔名〕1.坟墓 2.紀念碑.

བངས་པོ＝རློན་པ〔形〕濕；濕氣.

བད〔名〕1.濕氣、2.沿；邊.

བད་ཀ

བད་ཀན〔名〕痰；涎.

བན་བུན〔副〕1,＝ཧ་རེ་ཧོ་རེ 漸漸〔名〕＝ན་བུན 霧

བན་དེ〔形〕奉祀；崇敬.〔名〕僧

བབ, བབས〔動〕參看འབབ་པ, བབས་པ＝ལེན་པ 取；執.

བབ་ཅོལ＝ངག་འཆལ〔形〕言行不思慮；魯莽；粗率.

青海省政府印刷局印

བབ་སོ〔名〕1.上岸處. 2.殖民地.

བབ་ཁྲ〔名〕硫酸信石.

བབས་འབྲེལ＝ཟང་འབྲེལ〔形〕與〔副〕1.聯接；聯絡.
2.同意；一致.

བབས་འོས〔形〕適意；適合；便利.

བམ 或 བམ་པ〔形〕陳腐；腐爛.

བམ་པོ〔名〕1.集攏之物；合成一體之物. 2.卷；章(書中

བམ་རོ〔名〕叛佛教者之遺像.

བར〔名〕中間；居中者.

བར་འགའ〔副〕1.རེས་འགའ. 有時；數次. 2.幾個；少許.

བར་གྲས＝འབྲིང་གི་གྲས〔形〕中等；中品；中樣.

བར་གཅོད＝བར་ཆད 或 བར་ཆོད〔名〕1.干涉者；插入之
物. 2.障碍；意外事.

བར་དུ 在中；介乎其間.

བར་དོ〔名〕བར་མ་དོ 中有.(從死至投生中之情狀)

བར་སྣང〔名〕空間.

བར་པ〔名〕1.居中者；中人；和事人. 2.第二子；三兄弟中之第二人

བར་མ〔名〕1.音樂中之中調和. 2.音韻中之平音. 3.

居中者. 4. 仲裁者

བར་ལམ=དར་ལམ, ཏེ་ལམ [副]即刻；目今；同時.

བལ [名]毛；羊毛.

བལ་པོ或བལ་ཡུལ [名]尼泊尔；尼泊尔土人.

བལ་ལྷོག=གཉན་ནད [名]人瘦之癰.

བས་པ 1,代བྱས་པ為བྱེད་པ之完成式 2,[形]無節制;過度.

བས་མོ參看བབ་མོ.

བི་ཙུ[名]荏.

བི་པ[形]接收.

བི་ལྦ[名]香橼.

བིཛེ [名]一種地鼠.(錫金産)

བིག་པ[名]膽礬.

བིཙུ [名]人犢；小牛之蛇.(錫金字)

བུ [名]子；兒子；男孩.

བུ་ག或བུག [名]孔；穴；洞.

བུ་བུ=བུ་ཚ་ཆུང་ཆུང [名]小孩

བུ་བརྒྱུད [名]後嗣；後裔.

བུ་དད [名]義子；養子.

བུ་རེ〔名〕閒談；無謂之談.

བུ་ཤད〔名〕分娩.

བུ་སྣོད〔名〕胎；子宮.

བུ་མོ〔名〕女孩；女；處女；閨女.

བུ་སྨད〔名〕1.小孩，2.家眷；一家.

བུ་ཚ〔名〕子；小孩.

བུ་རྫེས〔名〕保姆；乳母.

བུ་རམ〔名〕1.糖蜜；糖漿 2.蔗糖；生黄糖. བུ་རམ་ཤིང 甘蔗

བུ་ལོན〔名〕參看བུན 1.債；欠款 2.利息.

བུག = སེར་ཁ〔名〕孔；洞；隙.

བུང་བ = སྦྲང་མ〔名〕1.蜜蜂；蜂類、2.發光之黑石.

བུང་བུ〔名〕負圖盤者.

བུངས〔名〕塊；份量；堆.

བུད〔名〕(རྡུལ)塵雲；飛舞之塵埃；空中之黑暗.〔動〕སྤོར་བབ，趕出；驅逐.

བུད་མེད〔名〕女人；婦人.

བུད་ཤིང = མེ་ཤིང〔名〕薪；柴；燃料.

བུན 為 བུ་ལོན 之縮寫〔名〕息金；利息.

ཕུན་ཕུན [名] 小片；碎片.

ཕུན་རེ [名] 小事物.

ཕུབས=ཡུག [名] 人匹；一卷布 2.全體；全部.

ཕུམ་པ [名] 瓶；壺；罐.

ཕུར [名] 門閂 ཐོག་ཕུར 上閂. འོག་ཕུར, 下閂.

ཕུར་ཅིང 或 ཕུར་ཏིང [名] 寺院中之鐘.

ཕུར་ཤིང 代 ཕུ་རམ་ཤིང [名] 甘蔗.

ཕུལ [名] 或作 ཕུལ་ཏོག 蘇達. [形] 或作 ཕུལ་པོ=དལ་པོ 遲延；懶. [名] 山谷=ལུང.

ཕུས་པ=བྱིས་པ [名] 小孩；童子.

ཕེ 代 ཕེ་ཏོ.

ཕེ་ཀེ 參看 ཕེག་ཀེ.

ཕེ་ཙི=བྱིས་པ [名] 小孩；童子.

ཕེ་ཏ [名] 椰子；艾瓢.

ཕེ་ཏུར=མཐིང་ཤུར [名] 硫酸銅.

ཕེ་ཏོ 或 ཕེ [名] 一種古式之鐵環.

ཕེ་སྤབས [名] 一種礦質.

ཕེ་ཡོག [名] 曾祖父.

བེའུ (名) 小牛；犢.

བེག་ཏེག 參看 བེ་ཏེ 亦名 སེབ་བེ (名) 麻疹.

བེང (名) 1.小屋梁 2.棍.

བེད (形) 1.珍貴、2.有益；有進步.

བེན (名) 大水壺；水罐.

བེམ 或 བེམ་པོ = གོས་རྙིང་པ (名) 舊衣；補綴之衣服.

བེམ་ཆག = དཀར་ཆག (名) 目錄.

བེར (名) 1=སྐྱ་བེར 或 ཟླ་གམ 喇嘛之披風；大氅.(形)2.粗澀.

བེར་ཀ = ཡལ་ག (名) 枝.

བེལ (名) 皮袋.

བེས (名) 頰頦.

བཻ་ཌཱུརྱ (名) 琉璃.

བོ (形) 此字為接尾字時.指某類形容詞或名詞.

བོ་ཏོག་པ = བ་ལོང་བ (名) 踝骨

བོ་བ (動) 1.澎漲.(如水泡) 2.溢.

བོག་ཏོ (名) 1.王；首領. 2=ཇེ 主.

བོགས (名) 利；益；進步.

བོང (副) 1.大小、2.容量、(常與 ཆེ 或 ཆུང 併合)

བོང་ཁྲ [名]一種鷹；兔鶻.

བོང་ཀུ 為བོང་བུ之俗語.

བོང་ང [名]野草頭烏 བོང་ང་དཀར་པོ 麥冬. བོང་ང་དམར་པོ 川烏

བོང་བུ [名]1.驢 2.小蟲;蛆.

བོངས་ཐུང＝མིའུ་ཐུང [名]侏儒；矮子.

བོད་或བོད་ཡུལ [名]西藏. བོད་པ 西藏人.

བོད་ཐས [名]犀皮製之杯;盤,扣子等.

བོན [名]西藏古時之拜物教.

བོན་པ＝འབྲུས་པ [名]喃喃；自白.

བོར་ར [名]1.一袋穀. 2.垃圾箱或袋.

བོལ་或བོལ་གོང [名]足或靴之上部.

བོལ་པོ 參看 འབོལ་པོ.

བོས [動]呼;名.參看འབོད་པ.

བྱ [動]為བྱེད་པ之未來式參看བྱ་བ. [名]禽鳥.

བྱ་སྐྱིབས [名]崖隙；石窟.

བྱ་ཁང་或བྱའི་ཁང་པ [名]鳥籠

བྱ་ཁྱུང [名]鷹；鳳.

བྱ་ཁྲ [名]鷹

青海省政府印刷局印

བྱ་ཁྲུང [名] 鶴；鷺鷥.

བྱ་ག 或 ཤག་པ [副] 1.柔軟；柔弱、2.活潑；敏捷.

བྱ་གག [名] 一種水禽；鴨.

བྱ་གོ་བོ [名] 皂鵰.

བྱ་ཀླག [名] 黑鷹；鵰.

བྱ་དགའ་ [名] 恩惠；恩賚；恩賜.

བྱ་རྒོད [名] 鷲；食肉鷹.

བྱ་བསྐྱངས=བསྒྱིངས་པ [動] 打呵欠.

བྱ་འདབ [名] 看樓；望樓.

བྱ་ཕོ [名] 雄雞.

བྱ་སྐྱེས = སྐར་མ་གྲོ་བཞིན 牛宿.（二十八宿之一）

བྱ་ཕོ [名] 1.雄雞；雄鳥、2.治月經之一種葯.

བྱ་བ [名] 1.將作之事. 2.事業；事蹟；動作. 3.職務.[動]為 བྱེད་པ之未來式 1.做；為. 2.名為；稱為.

བྱ་མ་རྟ = ཕོང་ཆེན 或 ཕོང་སྐྱེལ [名] 驛使；信差.

བྱ་མ་བྱི [名] 蝙蝠；飛狐.

བྱ་མ་ལེབ [名] 蝴蝶.

བྱ་རྒྱང་བ，བརྒྱངས་ལྡད་བྱེད་པ [形] 直軀；伸腰.(因疲勞)

བྱ་ཝང [名]1.蝙蝠. 2.夜鷹；蚊母鳥.

བྱ་ཟེ [名]雞冠；鳥冠；鳳頭；鳥之冠毛.

བྱ་འུག [名]鴟鴞；梟.

བྱ་ར [名]看守；監視；注意.

བྱ་རོག [名]烏鴉；大鴉.

བྱང [名]北；北方.

བྱང་གྲོལ [名]超脫；不死.

བྱང་ཆུབ [名]菩提；覺者.

བྱང་དར [名]拜見或送別之哈噠.

བྱང་རྡོ [名]紀念碑.

བྱང་པ [名]1.參看 བྱང, 2.一種藥植物.

བྱང་བ [形] སངས་པ 1.清淨；純潔. 2.純熟 [動]覺.

༣༥ བྱང་བུ [名]1.鐵甲. 2.板上所刻之字. 3.注明；貼箋.

བྱང་ཁྲ [名]鐵盔.

བྱད [名]1.形狀；態度；外形；容貌. 2.བྱད་ལ 敵人. 3.物件；器具.

བྱན་པོ [名]庖丁

བྱབ་པ 完成式 བྱབས [動]1.滌洗；抹拭 2.執；攫.

བྱམས་པ [名]1.彌勒菩薩；慈者. 2.親愛；和藹；愛. [形]仁慈

青海省政府印刷局印

親愛.

བྱས་དེབ [名]登記工作與職務之册.

བྱས་པ 為 བྱེད་པ之完成式[動]已作;已為.[名]已作之事

བྱི [名]無羽者;拔去羽毛者. བྱི་བྱེད་པ 姦淫;強奸.

བྱི་དར [名]絲料.

བྱི་དོར བྱི་བདར [名]抹拭;清潔.

བྱི་སྤྱིངས [形]全數;總;皆.

བྱི་པོ 或 བྱི་བོ [名]通姦者;姦夫.

བྱི་བ＝ཙི་ཙི [名]鼠.

བྱི་བྱས＝བྱི་ནོར [名]苟合;通姦.

བྱི་བཞིན [名]星名;女宿.

བྱི་བཟུང [名]牛蒡之芒殼.

བྱི་ཟེ＝ཐབས [名]法;方法.

བྱིའུ [名]1.地鼠;田鼠. 2.小鳥;雀;麻雀.

བྱི་ཙ [名]荊芥.

བྱི་ལ [名]貓.

བྱི་ནོར [名]或[形]姦淫;苟合.參看 བྱི་བྱས.

བྱིང་བ [形]1.隱藏. 2.沉于水中.

བྱིང་མ [名] 一種似嗶嘰之呢.

བྱིངས་པ [形] 全; 總共.

བྱིན [形] 1.華觀;華麗.莊嚴;浩大.[名]幸福;賜福.

བྱིན་རྟེན [名] 1.神聖之物. 2.福兆. 3.秘咒式秘法.
4.佛之遺骸.

བྱིན་པ [名] 腿之腓腸[動]為 སྦྱིན་པ 之完成式.

བྱིན་པོ [形] 1.通常. 2.最多;全.

བྱིན་ཤུལ [名] 膝後之窩.

བྱིན་ལན [名] 謝恩; 感恩.

བྱིབ 為 འབྱིབ་པ 過去式 [動] 隱藏;裹藏.

བྱིལ་བ [動] 輕擊; 撫拍.

བྱིས་པ [名] 1.小孩;童子. 2.愚夫;凡夫.

བྱིས་པོ [名] 赤裸.

བྱུ་རུ [名] 珊瑚.

བྱུག་པ = འབྱུག་པ [動] 塗;搽油. [名] 1.膏藥 2.香油.

བྱུག་རིས [名] 繪畫之像.

བྱུགས 為 འབྱུག 之完成式.

བྱུང 參看 འབྱུང་བ.

青海省政府印刷局印

བྱུང་རབས [名]歷史;故事;節畧.

བྱུབ 為 བྱུང་རབས 之縮寫.

བྱུར = ཕྱུར་ངན [名]惡運;災難;愁苦.2.羞恥.

བྱུར་པོ [名] 1,= ལྟས་ངན 惡徵;惡兆. 2 俗語 བྱུར་བྱུར 堆積.

བྱུས [名]功;功績.[形]成功.

བྱེ = ཕྱེ [名] 1,粉末. 2,བྱིའུ 小鳥.

བྱེ་བ [名] 1 一千萬. 2、分離;脫離.

བྱེ་བྲག [形] 1,ཁྱད་པར 特別;特殊. 2、差別;不同.

བྱེ་མ [名] 1、沙. 2、沙地;沙漠.

བྱེད་པ [動] 完成式 བྱས 未來式 བྱ 命令式 བྱོས 或 བྱེད་ཅིག 作;製造;行. 1稱呼;命名. 2、陳述;語.

བྱེད་པ [名] 1,= བྱེད་པ་པོ 作者;為者;創造者;著作者. 2、圖式;圖表.

བྱེར་བ = བྲལ་བ [動] 1、分開;分離;碎裂;損壞. 2、醫書中為 ཀམ་པ.

བྱེས [名] 1、暫時之居所;逆旅 2 外國;異域.

བྱོ [形] 缺乏飲食.

བྱོ་བ〔動〕1.傾；注入．2.吩咐；命令．

བྱོས་པ 參看 འབྱོས་པ．

བྱོར＝ནར་ནར．

བྱོལ་བ〔動〕1.誤謬；錯誤．2.迷途；失路參看འབྱོལ་བ．

བྱོལ་སོང〔名〕獸；四足獸；畜牲．

བྲ་ཉེ〔名〕星宿名；胃宿．

བྲ་བ〔名〕一種小齧齒動物．〔動〕使富有．

བྲ་བོ〔名〕蕎麥（有黑白二種）

བྲག〔名〕石崖；峻巖．

བྲག་པ＝ཁོང་ཁྲོ〔名〕憤怒；惡意．

བྲག་སྤོས〔名〕草香；生於石上的香草．

བྲག་ཞུན〔名〕五靈脂；地松脂．

18 བྲག་ཏམ〔名〕含於石中之一種礦．

བྲང〔名〕1.胸；胸部．2.居所如 ཤི་བྲང, ཕོ་བྲང．
3.森林．

བྲང་ཆུས〔文〕乳頭．〔名〕小孩；兒子．

བྲན〔名〕僕人；奴．

བྲན་པ〔動〕1.使濕 2.注滿水．

བྲབ་པ 或 བྲབས་པ 為 འབྲབ་པ 之完成式〔動〕拋；擲.

བྲམ་ཟེ 〔名〕婆羅門.

བྲ་བོ 〔名〕蕎麥.

བྲལ 參看 འབྲལ་བ.

བྲི 參看 འབྲི་བ.

བྲིད་པ 參看 འབྲིད་པ〔形〕善於欺騙.

བྲིན་པོ＝སྐྱུག་པོ 或 འགྲིམ་པོ〔名〕1.猛推；急撞.
2.要求；需要.〔形〕敏捷.

བྲིམ 或 བྲིམས 參看 འབྲིམ.

བྲིས་པ 參看 འབྲི་བ.

བྲུ་ཏ〔名〕西藏吉特六大部落之一.

བྲུ་བ 參看 འབྲུ་བ.

བྲུ་ཞ，བྲུ་ཤ〔名〕1.西藏西北一國名 2.西藏一部落名.

བྲུག་པ〔動〕流出；湧出.〔名〕溪流；漲潮.

བྲུད＝སྐྱག་པ〔名〕糞；穢物.

བྲུབ་པ 或 བྲུབས་པ＝བཙུག་པ 為 འབྲུབ་པ 之完成式，
〔動〕置於中；塞入.

བྲུལ〔名〕碎屑；碎塊.

060

བྲུལ་པ [形] 破碎；粉碎.

བྲུས 參看 འབྲུ་བ

བྲེ 或 བྲེ་བོ [名] 量具名.（量穀類及液體者.）

བྲེ་ཀ [名] 浣洗之皮盆.

བྲེ་ག 或 བྲེ་ཀྱུ [名] 一種葯植物.

བྲེ་སྤུལ [名] 1.頭. 2.盔.

བྲེ་ཆོ [名] 廣 濶.

བྲེ་མོ = འཆལ་གཏམ [名] 笑談；蠢語.

བྲེགས་པ = བཅད་པ, [動] 剃光；割；剪毛. 參看 འབྲེག

བྲེང [形] ཉུང་ཟད 少許. 參看 འབྲེང.

བྲེད་པ = སེམས་སྐྱུར་པ, [動] 1.驚惶. 2.沮喪；灰心 3.羞恥

བྲེལ་བ [動] 1.指定；指出. 2.雇用；孜孜從事. 使缺乏；困窮. [名] 事務；事業.

བྲེས 或 བྲེས་རྒྱུ, [名] 秣槽.

བྲོ [名] 1.跳舞. 2.款待；享讌；愉樂. 3.誓.

བྲོ་བ [動] 1. བྲོ་བ་འབོར་བ = མནའ་སྐྱལ་བ, 宣誓；發願. 2.嚐；享受；試. 3.希望；願望. [名] 味；滋味.

བྲོ་མ 參看 གྲོ་མ.

བྲོག་ཞུ 與 སྤྲོག་ཞུ同 [名] 頭飾；冠.

བྲོག་སྦུར [名] 蟻蛭.

བྲོད = འབྲོད, [形] 引誘.

བྲོ = བྲོ་བ [名] 味.

བྲོད་པ [名] 1、熱心 2、快樂.

བྲབ 參看 འབྲབ.

བྲོས 參看 འབྲོས.

བླ [名]在上者；較優者.[形]上；在上，[動]（合併ན時）在上；優越.

བླ་རྫོལ = བརྫུན་པ [名] 謊語.

བླ་དྭགས [名] 1、ཚམས་གྲངས་名號. 2. 抽象名詞.

བླ་ན [形] 在上；在頂；超越.

བླ་བྲང [名] 喇嘛之居所.

བླ་བྲེས 參看 བླ་རེ.

བླ་མ [名]1上者；高者.上人；上師. 2、在上之僧侶或喇嘛.

བླ་མེད = བླ་ན་མེད་པ [形]無上；至尊.

བླ་བུར = གློ་བུར, [副] 立刻；忽然.

062

བླ་རེ 〔名〕華蓋.

བླག 見于混合字中如 བའི་བླག, བཙོ་བླག.

བླག་པ 完成式 བླགས 〔動〕1.ཉན་པ 傾耳聽；注意. 2.准許. 3.斜依.

བླང་བ 參看 ལེན་པ 〔動〕བླངས་པ, 接受；取. 2.援引；引書.

བླད་པ 〔形〕愚笨. 〔動〕為 ལྡད་པ 之第二式. 嚼.

བླན་པ＝ལན་བླན་པ 〔動〕回答；答覆.

བླུ་བ 完成式 བླུས 〔動〕贖回；取回.

བླུག་པ 完成式 བླུགས, 未來式 བླུག, 命令式 བླུགས 或 བླུག 〔動〕1.注入；傾灌；充滿. 2.參看 ལྡུད་པ.

བླུད་པ＝ལྡུད་པ 〔動〕1.傾出；倒, 2.貢獻；呈進. 〔名〕1.贖身物；護免. 2.剩餘物.

བླུན་པ 或 བླུན་པོ, 〔形〕愚笨 〔名〕1.愚人. 2.小丑.

བླུམ 參看 བླུ་བ.

བློ 〔名〕智慧；心；心計.

བློ་གྲོས＝ཤེས་རབ, 〔名〕慧；智；識；理解.

བློ་སྟོབས, 〔名〕1.勇敢. 2.慷慨；宏量. 3.剛毅.

青海省政府印刷局印

བློ་གདེང [名] 1.希望. 2.堅信;信託.

བློ་པ = ཕོད་པ, [動]能.

བློ་བུར [副] 忽然;立刻.

བློ་མ [名] 1.肛門. 2.知慧.

བློད་བ [名] 1.愚人. 2.愚笨;不智.

བློན = གྲོས [名] 商勸.

བློན་པོ [名] 大臣;高級官吏.

དབག་པ 或 དབགས [形] 遮蓋;覆.

དབང 有時為 དབང་བ, [名] 能力;才能;勢力.

དབང་ཐང [名] 1.མངའ་ཐང,勢力;能力. 2.命運.

དབང་པོ, [形] 有權勢;具自在. [名] 1.有權勢者;統治者;君. 2.因陀羅;自在天.

དབང་པོ [名] 識官;官能;根竅.

དབང་ཕྱུག [形] 自在;權利;勢力.

དབང་ལག [名] 仙人掌(葯)

དབབ་པ 為 འབེབས་པ 之未來式.

དབའ [感] 做得好! [名] 巨波;波濤.

དབར = བར, 介乎其間.

青海省藏文研究社編

དབལ [名]尖閣；尖塔.

དབལ་བ 為འབལ་བ之完成式.

དབུ 代མགོ [名]1.頭. 2.起始.

དབུ་སྐྲ 與སྐྲ同,[名]髮.

དབུ་རྒྱན [名]頭飾；冠冕；頭巾.

དབུ་སྔས [名]枕頭.

དབུ་ཅན [名]有頭之字母；楷字.

དབུ་ཆེན [名]1.首領. 2.工頭. 3.長官.

དབུ་ཛེ [形]尊敬；應敬重.(指喇嘛)

དབུ་ལྦང = ཆུའི་ལྦུ་བ, [名]水泡沫.

དབུ་མ [名]1.體中之主脈. 2.中；中道.

དབུ་མེད [名]無頭字；行書；草書.

དབུ་རྩེ [名]寺廟之尖頂.

དབུ་ཡུ་མ [名]禿犛牛.(無角者)

དབུག [名]洞；穴；凹處.

དབུགས [名]1.呼吸之氣；氣吸. 2.呼吸.

དབུང = དབུས [名]中間.

དབུབ་པ 參看འབུབས.

青海省政府印刷局印

དབུར་བ　ཡུར་བ 或 འབུར་བ，[動] 使光滑；使流暢.

དབུལ　為 ཕུལ་བ 之未來式.

དབུལ་པོ = སྤྲང་པོ [名] 貧人；乞丐.

དབུལ་བ 為 འབུལ་བ 之未來式.[動] [形]與[名] 貧；貧苦；窮困；窮人.

དབུས　[名] 1.中央；中間. 2.衛；(西藏之中部) 中央者.

དབུས་ཀྱུ　[名] 一種麪漿.(製餅者)

དབུས་མ [名] 1.བར་མ 中央；中等. 2.(舞於中央者)

དབེན　[名] 不一致；不和 [形] 1.孤獨；寂寞. 2.分離；分開. 3.秘密.

དབེན་པ [名] 1.荒涼地；荒寂；隱所；荒山. 2.遁隱者.

དབོ　[名] 星宿名；翼宿.

དབོ་བ　參看 འབོ་བ.

དབོན་པོ，[名] 1.西藏首領或喇嘛之侄；(通常掌理寺院事務) 2.孫、3.着紅衣而能結婚姻之一種僧侶、精於咒術之人.

དབྱོལ་བ 或 ཇང་དལ་བ [動] 從桶中汲水.

དབྱངས [名] 1.དབྱངས་ཡིག 母音、2.韻;律;有韻之歌.

དབྱངས་སྙན [名] 1.杜鵑;可姑、2.歌女;歌者.

དབྱར་ཁ 或 དབྱར [名] 夏;夏季.

དབྱར་བ [動](有時誤代 གཡར་བ)借貸,[名]白楊.

དབྱི [名] 大金色野貓;猞猁.

དབྱི་གུ [名] 小棍(屬於 དབྱུག་པ者)

དབྱི་བ [動] 1.擦去(字痕跡等) 2.吸去.

དབྱི་མོང [名] 透骨草.

དབྱིག 或 དབྱིགས=ནོར [名] 寶;一種肝色寶石.

དབྱིག་གུ [名] 飽送.

དབྱིག་པ=དབྱུག་པ [名] 手杖;小杖;棍.

༣༠ དབྱིག་ཕུ [名] 拂抵抹潔之用具.

དབྱིངས [名] 界;(因)圍界. ཆོས་ཀྱི་དབྱིངས 法界

དབྱིར་བ [動] 或作 དབྱིར་དབྱོར་བ 慫恿;鼓動.

དབྱིབས [名] 1.形狀;樣.2.相稱之容積.

དབྱུག་པ [名] 1.棍;棒,2.重量或度量之一部.

青海省政府印刷局印

[動]完成式 དབྱུགས， 1.揮舞. 2.擲拋.

དབྱུང་བ 為 འབྱིན་པ 之未來式[動] 1.逐出；完畢. 不生出

དབྱེ་བ 為 ཕྱེ་བ 之現在式 [動]區別；辨別.

དབྱེན་པ＝དབྲག [名]不和；不諧；離異.

དབྱེས [名]大小；容量.

དབྲ [名]西藏一部落.

དབྲག＝བར་ཁུང་ཆུང་བ， [名]1.間隙 2.穴；山凹.

དབྲད་པ 參看 འབྲད་པ， [名]抓.

དབྲབ་པ [動]參看 འབྲབ， 鞭打.

དབྲལ་བ＝ཕྲལ་བ[動]取去；剝皮.

དབྲི་བ 參看 འབྲི་བ [形]減少；縮小.

དབྲིས་པ 或 དྲེག་བཙོག [名]污穢.

དབྲེག་པ [名]1.བརྗེད་པ 忘記. 2.བརྗེས་པ 交換；改革.

འབག [名]像;圖；肖像；假面.

འབག་འབོག [形]凹凸不平. [名]小江.

འབག་པ＝ཉམས་པ完成式 འབགས 未來式

དཔག། 〔動〕1.汚辱；敗壞；使污. 2.取去；盗竊.

འབགས་རག 〔名〕蜘蛛.

འབགས་ལྷག 〔名〕殘餘；賸餘.

འབང་བ 完成式 འབངས། 〔動〕愛；重視.

འབངས 〔名〕1.ཆབ་འབངས人民；臣民. 2.僕人.

འབད་པ 〔名〕奮力；努力；加行；勤奮.〔動〕命令式 འབོད། 1.努力；加行；勤作. 2.耕種；養育.

འབལ་ཁྲ〔名〕好棉布.

འབབ་པ 完成式 བབ། 或 བབས།命令式 འབོབ། 或 བོབས། 〔動〕1.下降；下來；落；落下 2.跌下. 3.流.

འབམ 〔名〕在 རྐང་འབམ། 中為一種足病腐爛；狠瘡.

འབའ 〔名〕1.據有. 2.查抄抵債. 3.高利；延期償還之債. 4.巴塘(地名)

འབའ་ཚ། 〔名〕殘餘；渣滓；沉澱.

འབའ་པོ 與 འབའ་མ同.[名]術士；巫；降魔者.

འབའ་བ [動] 1、羊鳴 2、攜帶.(錫金字) 3、姦淫、(藏中字)

འབའ་ཁོ [名] 洞穴.

འབའ་ཞིག [形] 唯一；僅一.

འབར་བ 為 སྦར་བ 之動名詞.[動]燃燒 2、憤怒；怒火中燒、

འབར་འབུར [形]凹凸不平.

འབལ་གྲེ [名]麥豆之混合物.

འབལ་བ [動]1、 1、拔毛、2、分髮.

འབལ་འབོལ [形]毛髮蓬鬆、

འབི་འབི [名]小泥塊（入模中塑像者）

འབིགས་པ 或 འབིག་པ 完成式 ཕིགས་པ, 未來式 དབིག 命令式 ཕིགས 或 ཕིག ， [動]刺入；鑽；插入.

འབིབ་པ 或 འབིབས = འབུབ 或 འབུབས་པ.

འབིར་བ [動]戰慄；發抖.

འབུ [名]昆蟲；小蟲.

འབུ་ཕྲ་མོ (名) 1,微生蟲. 2,風. 3,蠅類.

འབུ་བ 完成式 འབུས,(動) 開; 放.(花)

འབུགས་པ 完成式 ཕུག (動) 1,挖; 掘. 2,刺入. 3,吹.

འབུངས＝འཇོམས.

འབུངས (動) 集中精力; 專心.

འབུད་པ, I 完成式 ཕུད,(動) 1,降; 落. 2,走開; 離別; 逃走. 3,遺失; 不見.

འབུད་པ II 完成式 ཕུས 未來式 དབུ 命令式 ཕུ (動) 吹; 吹氣.

འབུད་པ III 命令式 ཕུད 未來式 དབུད (動) 1,脫去; 取去. 2,擲下; 推倒. 3,逐放; 充軍. 4,釋放; 使自由. 5,通過. 6,拔出; 扯出; 除去.

འབུན 或 བུན (名) བུ་ལོན 債. (動) 發癢.

འབུབ་པ 完成式 ཕུབ, 命令式 ཕུབས (動) 1,顛倒; 翻覆. 2,推倒; 破壞.(指禪定)

འབུབས་པ 命令式 ཕུབས 未來式 དབུབ,(動) 蓋頂; 以物為頂.

འབུམ (形) 與 འབུམ་ཚོ 十萬; 億.

འབུར་བ (動) 1,升擢; 顯著; 突出. 2,放; 出芽. 3,臉

青海省政府印刷局印

脹；凸出.

འབྱུལ་བ (為ཕྱུལ་བ之未來式) 未來式 དབྱུལ 完成式與命令式為 ཕྱུལ 1,給；奉獻. 2,餽送.

འབྱུས་པ 〔動〕 1,開；放.(花)參看འབྱུ་བ. 2, འབྱུས་པར, 顯著.

འབེན 〔名〕 1,標的；靶.

འབེན་གཞར 〔名〕 耕種之田.

འབེབས 完成式 ཕབ,未來式 དབབ,命令式 ཕོབ.為འབབ་པ之他動式〔動〕 1,下降；使降落；拋下. 2,立定；安置；建立.

འབེམ 參看བེན.

འབེལ་གཏམ 〔名〕 正言；講道；講道.

འབེལ་པོ 〔形〕 節儉；節省.

འབོ 〔名〕 量鹽及穀之具.

འབོ་བ 完成式 འབོས 或 བོ 未來式 དབོ 〔動〕 1,傾出；溢出. 2,腫脹； 3,發芽.

འབོ་ལེ = ལྷོད་པོ 〔副〕 寬舒； 閒暇；安舒；不忙.

འབོག 〔名〕 1,一種上衣. 2,裹糧之包袱. 3 小丘. 4,一種野獸.

འབོག་ཆོལ 參看སྤུག་ཆོལ.

འབོག་པ 完成式བོག 或ཕོག, 未來式དབོག, 〔動〕1,拔出；扯出. 2,扭出骨節. 3,卸下；〔載〕駄. 4 降落；樹葉.

འབོགས་པ 〔動〕1,沉下；淹沒；沉澱 2,跌下.(中風 3,完成式ཕོག, 未來式དབོག 命令式ཕོག, 分給；分與.

འབོང་བ 〔形〕圓；球形.

འབོད་པ 完成式與命令式བོས, 〔動〕呼喊；召；邀請.

འབོབས་པ 〔動〕為འབབ་པ之命令式 〔名〕一種似長袜之物.

འབོར 〔名〕供給之物.

འབོར་བ 完成式及命令式བོར 〔動〕1,拋；擲. 2,棄；捨棄.

འབོལ་པོ = འཇམ་པོ 〔形〕柔軟；平滑. 2,退讓；有彈性 豐富.

འབོས 〔形〕隱匿. 〔名〕胞；瘤；腫脹.

འབྱང་བ 完成式བྱང, 〔動〕清淨；清潔；滌濯.

འབྱང་ཁྱད 〔名〕習慣；風俗.

འབྱང་རྩི 〔名〕膠；樹脂.

འབྱམ 完成式བྱམས或འབྱམས 〔動〕氾濫；廣播；廣布.

འབྱམས 〔名〕最佳之緣. 2, 參看འབྱམ་པ.

青海省政府印刷局印

འབྱར་བ 參看 འབྱོར་བ(動) 聯絡.

འབྱར་བག (名) 1,羽毛; 2,尾.

འབྱི་བ 完成式 བྱིས, བྱིས 為 བྱི་བ 之動名詞 (動) 1,抹去; 塗沫. 2,脫落.(毛)

འབྱི་ག་མ (名) 足下無蓮花之神像.

འབྱིང་བ 完成式 བྱིང (動) 1,沉入; 沉下. 2,暈; 瘦傪.

འབྱིད་པ＝འབྱེད་པ 完成式 བྱིད 或 བྱེད, (動) 1,平流; 滑動. 2,消逝.

འབྱིན་པ 完成式及命令式為 ཕྱུང, 未來式為 དབྱུང, (動) 1,移去; 除去. 2,使出; 拔出; 抽出.(如刺) 3,放出; 射出. 4,發聲. 5,釋放.

འབྱུག་པ 完成式及命令式 བྱུགས (動) 1,擦; 塗抹. 2,染色; 鍍金.

འབྱུང་ཁུངས (名) 1,泉. 2,源; 生源. 3,從格.(文法上)

འབྱུང་གནས (名) 根源; 生處.

འབྱུང་བ (動) 完成式及命令式 བྱུང, 為 འབྱིན 之具格. 1,出生; 生長發生; 露出. 2,作助動詞用時,表示未來式, 其完成式為 བྱུང、中藏代 སོང "已". (名) 1,發生;

創始. 2,原質; 大種(即地,水,火,風,四原質)

འབྱུང་པོ [名] 1,生物; 動物. 2,部多; 一種魔鬼.

འབྱེ་བ (常為 བྱེ་བ) 完成式及命令式為 བྱེ, 為 འབྱེད་པ 之自動詞. [動] 1,開. 2,分; 分開; 分解.

འབྱེད་པ 完成式及命令式 ཕྱེ, ཕྱེད 或 ཕྱེས, 未來式 དབྱེ. [動] 1,開; 開放; 離開. 2,分開; 解開. 3,分裂; 使口角.

འབྱེད་དཔྱད [名] 1,診病及治療. 2,針; 鋏.

འབྱེས་པ 與 སྦྱར་པ 同用. [動] 動作敏捷而有決斷與得成功.

འབྱེར་བ [名] 飛行. [動] 完成式 བྱེར 飛逃; 逃避各方.

འབྱོ་བ 完成式 བྱོ 或 བྱོས 命令式 བྱོ, བྱོས, [動] 傾出; 傾注.

འབྱོག་པ [動] 舐.

འབྱོང་བ 完成式 བྱང, [動] 1,清潔; 去污. (參看 བྱང་བ) 2,熟練; 精巧.

འབྱོར་པ 完成式與命令式 འབྱོར, [動] 來; 抵. 2,前進; 起程.

འབྱོར [名] 鏈.

འབྱོར་བ [名] 1,收有或獲得之物. 2,貨物; 財產. 3,光榮; 享受.

青海省政府印刷局印

འབྱོར་བ I(動) 1, འབྱར 為 སྦྱོར་བ 之具格. 黏着, 附着. 2, 沾染(病) 3, 準備.

འབྱོར་བ II(動) 1, 到, 抵. 2, 接收.

འབྱོར་མ (名) 乳牛.

འབྱོལ་བ (動)完成式與命令式為 བྱོལ 未來式為 དབྱོལ = ཐུར་བ, (動)讓開; 讓路.

འབྲང 參看 བྲང.

འབྲང་བ 完成式 འབྲངས 命令式 འབྲོང 或 འབྲོངས, (動) 1, 隨; 追隨; 跟. 產; 生(動物)

འབྲད་པ = འདད་པ 完成式 བྲད 命令式 བྲོད, (動) 1, 抓; 攫. 2, 不歡.

འབྲབ་པ 完成式 བྲབ 命令式 བྲོབ, (動) 1, 急攫住; 奪去. 2, 鞭笞; 繫. 3, 拋出; 散布.

འབྲལ་བ 完成式 བྲལ 命令式 བྲོལ (動) 別離; 分散; 不連接.

འབྲས (名) 米.

འབྲས་སྤུངས (名) 哲邦寺. (前藏四大寺之一)

འབྲས་བུ (名) 1, 果; 果實. 2, 果報.

འབྲི་ཆུ (名) 瀾滄江.

འབྲི་བ (動)1,完成式與命令式 བྲིས 書寫；畫；錄.
2,完成式為 བྲི,減少.

འབྲི་མོ (名)牝犛牛.

འབྲི་མོག (名)紫草.

འབྲིང (形)中庸；中品；中等.

འབྲིད་པ (動)1,擁抱；懷抱. 2,完成式 བྲིད (與 སླུ་བྲིད་པ 同)蠱惑；欺騙.

འབྲིམ་པ (動)完成式 བྲིམས 分配；分散.

འབྲུ (名)1,粒；顆. 2,穀. 3,種子. 4單字；字. 5,小片；微分.

འབྲུ་བ 或 བྲུ་བ 完成式與命令式 བྲུས (動)1,精察；來究. 2,揉傷. 3,激怒.

འབྲུག (名)1,雷；旋風. 2,龍.

འབྲུག་པ (名)布丹人；布丹土人.

འབྲུག་མོ (名)牝綿羊.

འབྲུག་ཡུལ (名)布丹國.

འབྲུག་གཡས (名)擾攘；激動.

འབྲུད་པ = འདྲུད་པ(動)1,摩擦. 2,充滿. 使滿.

青海省政府印刷局印

འབྲུབ་པ 常與ཆུ同用 [動] 氾濫；洋溢.

འབྲུམ [名] 木或灌木上之珠果.

འབྲུམ་པ或 འབྲུམ་བུ [名] 痘瘡；膿疱.

འབྲུས 為འབྲས་བུ之縮寫.

འབྲེ

འབྲེ་བ 完成式與命令式 བྲེས, [動] 遮蔽；固封.

འབྲེག་པ 完成式 བྲེག 或 བྲེགས 命令式 བྲོག 或 བྲོགས [動] 修剪；剪去；割斷.

འབྲེང་བ [名] 皮條；皮帶.

འབྲེང་བ 常代 འབྲང་བ.

འབྲེལ་བ [名] 1, 聯合；聯絡；接續. 2, 小量；少許. 3, 屬格.(藏文文法之第六格.)

འབྲེལ་བ [動] 粘着；結合；聯合.

འབྲོ་གོ [名] 藥名.

འབྲོག [名] 1, 荒涼處；曠野. 2, 未開墾之地；牧地；牧場.

འབྲོག་པ [名] 1, 牧人. 2, 西藏之牧人.

འབྲོང [名] 野牛；兕.

འབྲོང་པ = ཉེ་བར་བསྙེན་པ [動]侍候；服侍.

འབྲོམ [名]西藏古時一家族名.

འབྲོས་པ 完成式 འབྲོས 或 བྲོས 未來式 འབྲོས 或 བྲོས་པར་འགྱུར.
  [動]逃；遁.

རྦ 或 དབའ [名]波浪.

རྦད [名]1, ཁིང་ཀ 一種大鷹. 2, 拐杖.（藏西字）[形]粗糙.

རྦད་པ 命令式 རྦོད [動]激動；慫恿.

རྦད་རྦོད [形]厚；容.

རྦབ [名]滾下.

རྦོད 參看 རྦད.

ལྦ་བ [名]1, 瘤；贅疣. 2, 樹瘤.

ལྦུ་བ, དབུ་བ [名]泡沫.

སྦ 參看 སྦ་པ [形]秘密；隱藏.

སྦ་དཀར [名]一種棉布.

སྦ་བ [動]為 སྦེད་པ 之普通式.

སྦ་ཚ [名]油榨.

སྦག་པ 完成式 སྦགས 命令式 སྦོགས [動]1, 侵透；注滿. 2,
  玷污；沾污.

青海省政府印刷局印

སྦྲང་བ 1,參看སྦྲོང་བ.　2,[名]釀酒之麥芽.

སྦྲངས [名]牛馬等之糞.

སྦྲབ [名]鳥名.

སྦྲམ་པ 完成式སྦྲམས,命令式སྦྲོམས [動]集攏；蒐集.

སྦྲར་བ 參看སྦྱར་བ.

སྦྲར་མོ 參看སྦྱར་མོ.

སྦྲལ [名]筋肉.

སྦྲལ་པ [名]蝦蟆. སྦྲལ་ལྕོང蝌蚪.

སྦྲས或སྦྲས་པ [形]秘密；心腹的.

སྦྲིག [名]一種野獸.

སྦྲིད་པ [名]1,為སྦིད་པ之殘缺式. 2,後藏代སྦུད་པ,
風箱.

སྦྲུག [名]1,凹處；中空. 2,管；中空之莖或蘆葦.

སྦྲུ་བ 參看ཕྲུ་བ [形]安全；未損傷.

སྦྲུག 或སྦྲུག་པོ [名]庫藏；收藏珍寶之內室.

སྦྲུག་ཆལ 或སྦྲུག་ཆོལ [名]大銅鈸.

སྦྲུག་པ [動]刺入；貫穿.

སྦྲུགས＝ཤུབས, [名]1,中空莖；管. 2,洞；穴；內

青海省藏文研究社編

空處.

སྦུགས་དམ [名]皇璽.

སྦུགས་རྩ [名]脈；診脈

སྦུང་སྦུང [名]堆.

སྦུད་པ [名]皮風箱；風皮袋.

སྦུན་པ [名]樹皮；果皮；殼殼.

སྦུན་རྫས [名]高利.

སྦུབ་ཁོང [名]空球.

སྦུབ་ཆལ 參看 སྦུག་ཆལ.

སྦུབས་འབྲས [名]豆莢.

སྦུར་པ 或 སྦུར་འཁྱིག [名]甲蟲.

སྦུར་མ [名]糠.

སྦེ་ག＝སྦེ་ཁ[名]運動；武藝；體育.

སྦེག་པ [形]瘦；薄.

སྦེད་པ 或 སྦེ་བ 完成式 སྦས 命令式 སྦོས [動]隱藏；遮蓋.

སྦེད་མ [名]1,隱匿而未發現之財貨. 2戴面幕之女人.

སྦོ [名]腹之上部.

སྦོ་བ 完成式 སྦོས＝འབོ་བ, [動]膨脹；擴大.

青海省政府印刷局印

སྦགས་པ 參看 སྦག་པ.

སྦང་བ [動] 完成式 སྦངས, 未來式 སྦང, 浸水.

སྦད་གཏོང [動] 送去.

སྦད་པ [名] 流蘇.

སྦན་པ = ཟ་བ [動] 進食.

སྦམ་པོ 或 སྦམ་པ = རགས་པ, [形] 麤; 厚; 廣厚.

སྦར་བ 完成式及現在式 སྦར [動] 1, 燃燒; 點燃. 2, 遷徙; 注入.

སྦས་པ [名] 骨瘤.

སྦྱང་བ 參看 སྦྱོང [形] སྦྱངས 洗滌; 使用. [動] 練習; 教練.

སྦྱར་པ [名] 一種白楊.

སྦྱར་བ 為 སྦྱོར་བ 之第二式. [動] 1, 配合; 混合. 2, 粘; 聯接.

སྦྱིག་པ [動] 束起; 大結.

སྦྱིན་པ [動] 完成式及命令式為 བྱིན [動] 1, 施; 贈與. 2, 加於; 總結 [名] 1, 禮物; 贈品. 2, 布施; 施捨之物.

སྦྱིན་བདག [名] 1, 恩人; 長者. 2, 施主; 布施者.

སྦྱིན་སྲེག [名] 秘教燒獻之祭品.

སྦྱོང་བ 完成式 སྦྱངས, སྦྱོང [動] 1,清潔；去污；洗滌. 2,除去；減去. 3,學習；訓練；練習.

སྦྱོར་བ 完成式與未來式為 སྦྱར, [動] 1,繫攏；聯接；附着；繫接. 2,應用. 3,映入. 4,聯合. 聯接. 5,預備；使適合；計劃. [名] 1,專心；注意. 2,混合. 3,一致同意. 調和；相類.

སྦྲ 或 སྦྲ་གུར [名] 牧人所住之黑帳蓬；蒙古包.

སྦྲག་པ 完成式 སྦྲགས [動] 置物於他物之上或旁；置各物於一處.

སྦྲགས 為 སྦྲག་པ 之完成式

སྦྲགས་མ [名] 1,草叉. 2,聯接；聯合.

སྦྲང 代 སྦྲང་རྩི [名] 蜜.

སྦྲང་སྐྱབས = སྦྲང་ཡབ [名] 蚊帳.

༣༨ སྦྲང་ཆར = འཇམ་ཆར [名] 1,細雨；微雨. 2,粉.

སྦྲང་བུ [名] 蒼蠅；蜂，蚊等.

སྦྲང་ཞི [名] 貂.

སྦྲང་མ = བུང་བ, [名] 家蜂.

སྦྲང་རྩི [名] 蜜；蜂蜜.

སྦྲང་ཤིང [名] 樹名.

སྦྲད་པ＝འབྲད་པ.

སྦྲམ་པ [形] 廣大; 濶.

སྦྲམ་བུ [名] 金條; 生金.

སྦྲིད་པ [動] 1, 打噴嚏. 2, 變麻木.

སྦྲུད་པ 完成式與命令式為སྦྲུས [動] 1, 攪; 激動. 2, 捏; 揉.

སྦྲུམ་པ [形] 懷孕.

སྦྲུམ་མ [名] 孕婦.

སྦྲུར་ཁ [名]

སྦྲུལ [名] 蛇.

སྲེ་མོང, [名] 鼬; 黄鼠狼.

སྦྲེ་བོ 或 རེ་བོ [名] 牛毛織之粗毯(作帳幕者)

སྦྲེང་བ 完成式སྦྲེངས [動] 1, 震動; 使作急響. 2, 奏樂.

སྦྲེབས་པ＝སྐམས་པ [形] 乾的; 渴的.

སྦྲེལ་བོ [名] 1, 連接; 樞紐. 2, 舊官吏.

སྦྲེལ་བ [動] 綫攏; 繫. 2, 黏合; 附着.

སྦྲེལ་ཟླ [名] 1, 同僚; 2, 助手.

藏漢辭典 下册 三九 青海省藏文研究社編

སྐྱེམ 〔形〕冰凍；殭。

སྐྱན་པ＝འབོད་པ，完成式 སྐྱན 〔動〕1，名。2，宣告；通知；警告。3，灑出；噴出。

青海省政府印刷局印

མ

མ 〔名〕母；母親。

མ 1,此為語根，義為"在下"（與ཡ相反）2,此字為示示否定之禁止詞，如 མ་ཤེས 未知。མ་མཐོང 未見 3,作命令式用時，則與動詞之現在式相連，如 མ་འགྲོ 勿去。མ་འཐུང 勿喝。

མ་སྐྱེས 〔形〕未生；原始。

མ་ཁལ 〔名〕借出穀之斛數。

མ་གལ 〔名〕1,白楊. 2,一種藥樹之皮。

མ་སྒོ = རྒྱལ་སྒོ, 〔名〕1,大門；頭門. 2,皇宮之入口。

མ་བཅོས 〔形〕自然；非人為。

མ་ཆེན 〔名〕廚司；貴人之廚子。

མ་ཐ = བར་ན, 〔名〕中立；局外人。

མ་གདན 〔名〕1,基礎；基本地. 2,原本；原樣。

མ་ཏྲུ 〔名〕刺；小刺。

མ་རྗེ 〔名〕重準；秤石。

མ་ནིང 〔名〕1,中性；非男非女者. 2,閹人. 3,不毛；不育。

青海省藏文研究社編

མ་ནུ [名] 1,一種礦藥. 2,香木香.

མ་ཎི 為六字咒之簡稱.(即唵嗎呢吧咪吽)

མ་མ [名] 1,產婆. 2,乳母.

མ་མོ, [名] 1,རྩ་བ根源;基礎. 2,論;摩咀里迦.
4,祖母. 5,一種藥物. 6,惡魔名. 7,母羊.

མ་སྨད [名] 母子或母女.

མ་གཞི=དོན་རྩ་བ,[名] 論題.

མ་འོངས་པ [名] 1,未來. 2,未來式.

མ་རབས [名] 下等人;下流人;粗人.

མ་རིག་པ [名] 無明;愚癡.

མ་ནུ་རྩེ [名] 可瓜;藥果.

མ་རུང་བ=གདུག་པ [形] 有害;為害. མ་རུངས་པ,粗暴.

མ་ལ [動] 1,且;并且;尚且;再者. 2,即刻;現在.

མ་ལག [形] 1,敏捷;活潑. 2,翻觔斗.

མ་ལམ=མར་ལམ,[名] 大道;寬道.

མ་ལུས [名] 全;完全;無遺.

མ་ལེམ=འཕྲེང་བ,[名] 花冠;花鬘.

མ་ཧེ [名] 水牛.

青海省政府印刷局印

མག་པ 〔名〕女婿.

མང་ 代 མང་བ,〔形〕多.

མང་སྒར 〔名〕聚營；營房.

མང་ཇ 〔名〕衆人之茶；寺院僧衆唪經時共飲之茶.

མང་པོ 〔形〕多；許多.

མང་བ 〔形〕མང་པོ 許多；衆；多.〔動〕完成式 增多.

མད＝བདེན 〔形〕真實；正確.

མན 〔副〕以下（與 ཡན 相反）

མན་ངག 〔名〕1, གདམས་ངག 宗教上之規勸；教敕；教誡.
2, 指導.

མན་ཆད＝མན་ཅད 或 མན་ཆོད 〔副〕與〔前〕下；在下；
以下；劣於.

མན་ཏེ 或 བླུན་ཏེ 〔名〕笨人.〔形〕渾濁；齷齪.

མན་ཕད＝མན་ངག.

མན་རྡི 〔名〕1, 一種綢. 2, 着紅藍花點之綵巾.

མན་ཇུ 〔名〕滿洲；滿洲人.

མན་ཤེལ 〔名〕1, 玻璃；2, 晶體.

མར 〔名〕1, 牛乳油；酥油. 2, 西藏之一部落名.〔形〕

或〔副〕下；向下降低.（與ཡར་相反）

མན་ཤེད〔名〕綠玉.

མར་ངོ（與ཡར་ངོ相反）〔名〕月之下弦；望日以後之月.

མར་ནག=སྣུམ〔名〕油；胡麻油.

མར་མེ〔名〕=སྒྲོན་མེ 1,燈；酥油燈. 2,燈台.

མར་ལ〔副〕後來；最後.

མལ〔名〕1,牀；牀架；榻狀. 2,位置；地位.
3.蹤跡；痕跡.

མས 1,為མ之具格，由母；為母.〔名〕1,（有時代
སྨད）下部；後面.〔副〕向下；向下部.

མི〔名〕人.〔副〕非；不然；不.

མི་བསྐྱོད〔形〕不動；堅定.〔名〕གཅིན，尿.

མི་ཁ〔名〕1,通常談話. 2,胡亂而不負責之勸告.

མི་ཁལ=མི་ཁུར〔名〕成人能負之重.

མི་ཁོམ་པ〔形〕無暇；常不安適.（佛家有八類）

མི་དགེ་བ〔名〕惡；不善.

མི་འགོ〔名〕首領；頭目.

མི་རྒོད〔名〕1,野人. 2,强盜.

青海省政府印刷局印

མི་རྒྱུད (名) 家譜；世系.

མི་ངས (名) 間歇熱；傳染病.

མི་ཆོས (名) 1,常人或家主之習慣. 2,家主.

མི་རྗེ (名) 王；首領；統治者；大人.

མི་མཇེད (形) བཟོད་པ 忍；永受痛苦.

མི་ཉིད (形) 仁慈；誠實.

མི་སྡེ (名) 俗人.

མི་སྣ (名) 1,人類. 2,ཕོ་ཉ 代表；使者.

མི་དབང (名) 王；統治者.

མི་མ (名) 眼淚.

མི་མོ (名) 婦人.

མི་འམ་ཅི (名) 人非人；醜人.

མི་ཐུ = མི་ཐུ་ཐུང, (名) 倭人；侏儒.

མི་རབས (名) 1,人類；種. 2,人世；人之世代.

མི་རིགས (名) 人類；民族.

མི་ལ (形) = གཏུམ, 兇惡；可怖.

མི་ལག (名) 僕人.

མི་ལུས (名) 人身；軀體.

མི་སེར། ,འབངས (名) 人民；農伕；佃户.

མི་སྲིད། མི་འགྲུབ (形) 不能；不適宜.

མི་ཞྭང (名) 血.

མིག (名) 眼；眼睛；眼孔.

མིག་སྐྲག (名) 眼眵.

མིག་གྲོགས (名) 情人；意中人.

མིག་སྒྱུ (名) 映景.

མིག་ཐུང (名) 近視.

མིག་འབེན (名) 的；靶.

མིག་མངས(ཚེས་མོ) (名) 棋盤；棋.

མིག་དམར (名) 1,火星. 2,火曜日；星期二.

མིག་ཚ (名) 授字母或圖之方塊.

མིག་སེར (名) 1,膽血症. 2,猜忌；嫉妒.

མིང (名) 名字；名稱；名號.

མིང་པོ, 同胞兄弟.

མིང་ཚེར (ཟས་མེད་པ) (名) 飢餓.

མིང་གཞི (名) 字根；基本字母.

མིང་གཟུགས (名) 名與形；名色.

青海省政府印刷局印

མིད་པ 〔名〕食管. 〔動〕嚥; 吞.

མིན 為མ་ཡིན之縮寫, 〔動〕否; 非.

མུ 〔名〕1,=མཐའ邊緣; 疆界. 2,代མུ་ཟི 硫磺 3,= རིགས 種; 類.

མུ་ཁྱུད 〔名〕邊緣; 周界.

མུ་གེ 〔名〕1,饑饉; 災荒. 2,嗜好; 嗜欲.

མུ་ཕྲེན 〔名〕一種良馬.(青海與西康所出)

མུ་ཅོར 〔形〕莽撞; 大膽; 誑妄.

མུ་ཏིག 〔名〕真珠.

མུ་སྟེགས་པ, མུ་སྟེགས་ཅན 〔名〕外道; 異教徒.

མུ་རྡེ = ཆུ་ཡི་རྡེའུ 〔名〕水中之圓石子.

མུ་མེན 〔名〕青金石.

མུ་ཟི 〔名〕硫磺.

མུ་ལ 〔副〕1,共同; 成堆. 2,於省內; 於界內.

མུག་པ 與མུག་མ同, 亦作མུས་པ〔名〕蠹 〔動〕(與ཐུགས, ཡིད 等同用)絕望.

མུན་ནག = མུན་པ.

མུན་པ 〔形〕與〔名〕闇昧; 黑暗.

སྨུན་སྨྲུལ 〔名〕1，讒語。2，無知；魯鈍。

སྨུར ＝ཟོར 〔名〕太陽；眼角之窪處。

སྨུར་ཇ 〔名〕綠茶。

སྨུར་དུམ 或 སྨུར་རྨུམ 〔形〕鈍。

སྨུར་འདུག 〔名〕1，སྨུ་སྐྱེགས་པ，2，魚鰓。

སྨུར་པོ 〔名〕1，請求者；求婚者。2，乞丐。

སྨུར་བ 〔動〕嚙；細嚼；咬開。

སྨུལ་ཕྲུག 〔名〕拳。

མེ 〔名〕火。（與 ཞུགས 同）

མེ་ཀན 〔名〕學者。

མེ་ཆ 〔名〕火鐮。

མེ་ཏོག 〔名〕花。

མེ་སྟག མེ་ཚག 〔名〕火星；火花。

མེ་མདའ 〔名〕鎗。

མེ་ཐུར＝མེ་མདག 〔名〕མེ་སྣོད 或 མེ་ཟོར 火盆；煤盆。

མེ་བུམ，མེ་སྒང 〔名〕火罐（醫術用）

མེ་སྨུར＝མེ་མདག。〔名〕一地獄名。

མེ་བཞི 〔名〕星名；軫宿。

མེ་རི (名) 火山。

མེ་ལོང (名) 1，鏡；鑑。2，平面。3，模樣；模範；標本。

མེ་ཤེལ (名) 1，太陽石。2，火晶。

མེ་ལྷ (名) 火神。

མེད་པ 為ཡོད་པ與ཡིན་པ之否定式。(動) 不；非；無有；不存在。

མེན་པ (名) 裝飾品。

མེར་བ (形) 1，溼滑；泥濘。2，薄；柔軟。3，伸長；擴張；充滿。

མེལ་ཚེ (名) 1，瞭望者；守衛者。2，夜間看守之時間。

མེས་པོ (名) 1，祖父。2，祖先。

མོ (名) 1，女；女性；牝；雌。2，此為接尾字，表示女性，加於名詞之後。3，命運；天數；卜噬。

མོ་ཁབ (名) 極佳之針。

མོ་མཚན (名) 或 མོ་དབང，女生殖器。

མོ་ཡིག (名) 陰性字母。

མོ་རང 或 མོ་རེང (名) 1，獨身女人。2，貧窮女人。

མོ་ཤེལ [名] 性寒之晶石.

མོ་གཤམ [名] 石女; 不生育之女人.

མོག་པ [名] 或 [形] 暗黑; 褪色.

མོག་མོག [形] མོག་མོག་པོ 黑的. [名] 小饅頭; 米粉糰.

མོང་གོལ [名] 蒙古; 蒙古人(藏語通常作 སོག་པོ)

མོང་རྟུལ = བླུན་པོ [形] 呆; 笨.

མོང་ལོ 藏西作 ལོང་མོ [名] 1,膝節. 2,踝骨.

མོད [名] 頃刻; 片刻.

མོད་པ [動] 是; 在.(有時只加 ཡོད་པ 或單用,或與他動詞同用)如 ཡོད་མོད, ཡིན་མོད 義為雖然. [形] 豐富; 廣.

མོན [名] 西馬拉雅山各民族之通稱.

མོན་གྲུ [名] 星名; 危宿.

མོན་གྲེ [名] 星名; 虛宿.

མོན་དར [名] 1,生絲料. 2,絲裙. 絲褲.

མོན་ཡུལ [名] 由克什米爾至阿薩下喜馬拉雅一帶之住

མོན་སྲན [名] 印度之豆.

མོལ་བ [動] = གཏམ་སྨྲ་བ 或 གྲོས་བྱེད་པ 1,接談; 交

青海省政府印刷局印

接. 2, 議; 商量. 3, 談; 講.

མོལ་མཆིད་ = གྲོས [名]會議; 商議.

མོས་པ [名]1,勝解; 深信; 崇仰; 虔誠. 2,滿意.
[動]1,高興; 喜悅. 2,渴望; 要求 3,傾向; 志向.
4,敬重; 崇拜.

མྱ་ངན [名]愁苦; 苦惱; 不幸.

མྱ་ངམ [名]沙漠; 瀚海.

མྱག་པ 完成式 མྱགས [動]咀嚼.

མྱགས་པ = རུལ་བ [形]腐爛; 潰爛. [動]使腐爛.

མྱང་འདས 為 མྱ་ངན་ལས་འདས་之縮寫. [名]涅槃; 離愁苦.

མྱང་བ 參看 མྱོང་ [動]嘗味; 試味.

མྱང་རྩི [名]一種草藥.

མྱངས [形]聯合.

མྱད་པ 為 མད་པ 之古字 = གནད་པ [名]真實.

མྱིང 為 མིང 之古字 [名]名; 名稱.

མྱུ་གུ 或 མྱུག = ཚལ་ལུ [名]1,蘆葦; 菖蒲. (為 སྨྱུ་གུ 之誤)
2,親戚; 親屬. 3,芽; 苗.

མྱུག་པ་ 或 མྱུག་མྱུག་པ 〔形〕俯首; 歪頭. 〔動〕1,散步; 閒遊. 3,誇張.

མྱུར་བ 〔動〕迅過; 急過. 〔副〕迅速.

མྱུར་མ 〔名〕舞女.

མྱུལ་བ 〔動〕1,散步. 2,偵察; 考究.

མྱོ་བ 參看 སྨྱོ་བ.

མྱོང་བ 完成式 མྱོངས, 未來式 མྱོང. 〔動〕1,享受; 領受; 嘗試. 2,見聞; 經驗; 知; 識. 4,遭遇. 5,與 དང 相同, 曾經; 嘗.

སྨྱོན་པ 〔形〕瘋; 狂.

སྨྱོས 〔名〕激動; 發怒.

སྨྱོས་པ 〔動〕1,醉; 酩酊; 迷醉; 陶醉. 2,發狂; 發癡; 瘋.

དམག 〔名〕軍隊; 兵士.

དམག་དཔུང 〔名〕軍隊; 三軍.

དམག་དཔོན 〔名〕將帥; 軍官.

དམག་རུམ 〔名〕黑暗.

དམངས = ཕལ་བ 〔名〕庶民; 人民 དམངས་རིགས成

青海省政府印刷局印

陀羅（印度之下等人民）

དམད་པ (名) 咒詛；詬罵.

དམན 或 དམན་པ (形) 低；劣；卑下；平常.

དམའ 或 དམའ་བ (形) 1,低；低下. 2,短；3,卑；卑下.

དམའ་བ 完成式 དམས (動) 貶下；降下；使卑賤.

དམར (名) 利益；成功.

དམར་པོ (形) 1,紅；紅的. 2,成功.

དམས 參看 དམའ་བ.

དམིག་པ (名) 1,穴；洞. 2,一種蜴蜥. 3,穿山甲.

དམིགས (名) 1,幻想；想象. 2,想象點. 3,觀念；思想. 4,知；悟.

དམིགས་པ (動) 想象；猜度. (名) 1,意義；思想. 2,所緣.

དམིགས་མེད (形) 獨立.

དམིགས་བསལ (形) 特別；特殊.

དམུ 或 དམུ་རྒོད (名) 1,西藏最初之部落. 2,惡魔.(致水腫者)

དམུ་ཆུ (名) 水腫.(惡魔所致者)

དམུན་པ=གླེན་པོ[名]呆子；愚人．[形]黑闇；愚昧．

དམུར་བ参看སྨུར་བ．

དམུལ་བ参看འཛུམ་པ．

དམུས་ལོང[名]生盲；生而眇者．

དམེ་བ=བཙོག་པ，参看རྨེ་བ．

དམོད་པ[形]1，咒罵．2，克服；降服．[動]1，咒罵．2，克服；降服．[動]1，咒罵．2，宣誓；祈禱．

དམྱལ་བ[名]那落迦；地獄．[動]切塊．

དམྱུག་པ[動]顯示；表出．

དམྱུགས་པ[動]汲出；撈出．(如魚)

རྨ[名]1，瘡；傷；疤痕；紅癩．2，美麗；幸運．

རྨ་ཆུ[名]黃河．

རྨ་བྱ[名]孔雀；有斑紋之鳥．

༢༦ རྨང[名]1，ཁང་པའི་གཞི，地基；基礎．2，夢．

རྨང་རྨང=གཞིགཞི[形]不同；異．

རྨང་ཆེར=སྨང་ཆེར[名]1，鉗子．(拔毛髮者)．2，鑷子．3，耙．

རྨད་མཆོག[形]極佳，優美．

རྨད་བྱུང 〔形〕卓越；超群；出衆.

རྨད་པ 〔形〕受傷.

རྨས 〔動〕1＝དྲིས་པ 詢問. 2,為རྨ་བ之完成式、受傷.

རྨིབ 完成式 རྨིས་པ 〔動〕作夢；幻想.

རྨི་ལམ 〔名〕與 གཉལ་ལམ 同，夢.

རྨིག་པ 〔名〕獸蹄. རྨིག་པ་ཁ་གཉག，偶蹄（如牛，羊之蹄）.

རྨིགས་པ 〔名〕一種小蜴蜥.

རྨིང＝རྨང.

རྨུ＝དམུ.

རྨུ་ཐག 〔名〕寺院或屋頂上懸小旗之繩.

རྨུག་པ 完成式 རྨུགས 〔動〕1，咬；嚙. 2，刺；射.（如蜂）

3，磨傷；擦傷.

རྨུགས་པ 不常用 རྨུ་བ 〔名〕濃霧. 〔形〕糊塗；昏迷；

愚昧.

རྨུར་བ 〔動〕互吠.（如犬）

རྨེ་བ，དམེ་བ 〔名〕1，痣；班點；2，瑕疵.

རྨེག་པ 〔名〕1，＝རྩ་བ，根. 2，＝གཏན，排列；次序.

〔名〕馬鞍之後鞦.

རྨེད་པ 完成式 རྨེས [動] 1, 詢問；垂詢. 2, 耕種. 3, 研究；學.

རྨེན་པ 或 རྨེན་བུ [名] 1, 鵝；喉症. 2, 由瘡或痛所起之硬塊.

རྨེལ་བ 或 སྨེལ་བ [動] 1, 扯出；拔出. 2, 占；呼.

རྨོ་བ 完成式與命令式為 རྨོས [動] 犁；耕.

རྨོ་མ [名] 1, = རྒན་མོ. 2, 祖母.

རྨོག [名] 胄.

རྨོངས 1, = འཁྲིག་པ [名] 交媾. 2, 為 རྨོང་བ 之完成式.

རྨོང་སྤུ [名] 腹毛與陰毛.

རྨོང་བ 完成式 རྨོངས [動] 1, 暗昧；黑暗. 2, 困惱；錯亂, [名] 蒙暗.

རྨོངས་པ [名] 1, 愚人；笨人；無知者. 2, 欺騙；蠱惑.

རྨོད་པ [動] 耕；犁.

རྨོན་པ [名] 1, 耕田之動作. 2, 耕牛.

རྨྱ་བ [名] 病；暈船；頻吐. [動] 衰敗；腐爛.

རྨྱང་བ [動] 1, 傾向；彎向. 2, 伸腰；引領傾聽.

སྨ = དམའ [形] 謙卑；卑下.

青海省政府印刷局印

སྨ་ར་ = ཁའི་སྤུ [名] 鬍.

སྨ་ས [形] 適宜.

སྨག [名] 奥裡子.(葯)

སྨག་རུམ [名]與[形] = སྨུན་ནག 黑暗.

སྨད [形] 下；低下；更下. [名] 1, 下部. 2, 較低下者. 3, 小孩.

སྨད་འཚལ [名] 1, 賤；無耻. 2, 賣淫.

སྨད་འདོགས [名] 添脚字, 有四, 即ཡ, ར, ལ, ཝ可繫于字脚如ཀྱ, ཀྲ, ཀླ, ཀྭ.

སྨད་པ [名] 1, 謗毀；譴責；斥罵. 2, 陵辱；被人輕視. [動] 1, 放下；降低. 3, 虐待；侮辱. 3, 譴責；毀謗. 4, 不敬；干犯.

སྨད་འཚོང་མ [名] 娼妓；不貞之婦人.

སྨད་གཡོགས [名] 1, 裙. 2, 短褲；褲.

སྨད་ར [名] 惡語；誹謗.

སྨན [名] 1, 藥；藥材. 2, = ཕན་པ 利益；有益；有用.

སྨན་སྐུ [名] 金銀銅鐵錫合鑄之像；合金所鑄

之像.

སྨན་ཆེན (名) 草鳥.

སྨན་རྟ (名) 藥引.

སྨན་པ (名) 1, 醫生. 2, =　　　利益; 恩惠.

སྨན་བླ (名) 藥師; 司治療之佛.

སྨན་ཚོས (名) 染料名.

སྨར 或 སྨར་ཀྱང (名) 現金.

སྨལ་པོ=སྐར་མ་མགོ (名) 星名; 觜宿.

སྨྱུ་གུ=སྨྱུག་གུ (名) 筆; 蘆筆; 竹筆.

སྨིག་རྒྱུ (名) 映景; 幻景; 反影.

སྨྱག་བྱུ (名) 小蜴蜥.

སྨྱུག་མ 或 སྨྱིག་མ (名) 1, 蘆葦. 2, 竹.

སྨིན་དཀྲིས (名) 1, 外眼角. 2, 睫毛.

སྨིན་དྲུག (名) 七星; 昴宿.

སྨིན་བདུན (名) 北斗; 七星.

སྨིན་པ (形) 1, 成熟. 2, 改變; 發達. (動) 1, 成熟.
2, 改變; 悔改.

སྨིན་མ (名) 1, 眉毛. 2, 及笄之少女.

青海省政府印刷局印

སྨུ 〔名〕西藏古時六部落之一.

སྨུག 或 སྨུག་པོ 〔名〕紫黑色; 凝血之色.

སྨུགས 〔名〕怠惰.

སྨུ་ཁབ 為 སྨན་ཁབ 之誤〔名〕尼之下裳襯衣.

སྨེ་བ〔名〕1,痣; 皮膚上之黑點. 2,སྨེ་བ་དགུ 卜術上之九宮.

སྨོ་བ 完成式與命令式為སྨོས 〔動〕1,命名; 稱為. 2,語; 記.

སྨོ་སྨོ 〔名〕外祖母.

སྨོད་པ 〔名〕1,誹謗. 2,譴責; 切責; 咒罵. 3,侮慢.〔動〕1,完成式སྨད་པ 貶抑; 責被; 誹謗. 2,與 སྨྲ་པ誇張.

སྨོན་པ.〔名〕願; 祝福.〔動〕祈福; 發願; 冀欲.

སྨོན་ལམ〔名〕1,願; 祈禱. 2,禪定.

སྨོས་དག〔名〕大聲

སྨྱང་བ = བཀྱང་བ.

སྨྱན = ཉེ་གཏམ་པ 〔名〕媒介.

སྨྱར = སྨར.

སྨྱུག 〔名〕筆; 蘆管.

སྨྱུ་གྲི, སྨྱུག་གྲི 〔名〕削筆刀.

སྨྱིག་མ་或སྨྱུག་མ〔名〕1,竹. 2,蘆葦

སྨྱུག་བུ〔名〕筆.

སྨྱུག་ཁྲོག〔名〕1,竹筒；筆筒. 2,＝ཤུང་ཀུར 小攪亂器.

སྨྱུག་གུ〔名〕筆；竹筆.

སྨྱུག་གླིང〔名〕作樂之蘆管.

སྨྱུང་བ, ཉེ་བར་གནས་པ〔動〕齋戒. སྨྱུང་གནས 禁食.

སྨྱུང་གནས〔名〕齋戒；禁食.

སྨྱུར་བ〔動〕伸腰.（睡後）

སྨྱུར་བ＝བསྨྱུར་བ〔動〕速之；催迫.

སྨྱེ་བ＝ཞེར་བ.

སྨྱོ་བ(ནད)＝སྨྱོ་བ 完成式སྨྱོས,〔動〕發狂；心亂.

སྨྱོང＝བརྒྱང་བ.

སྨྱོན་པ〔形〕癲狂；心亂.

སྨྲ་བ 完成式སྨྲས,命令式སྨྲོས〔動〕1,說；言. 2,答.

སྨྲང་བ 或སྨྲེང་བ＝སྨྲ་བ〔動〕述；說.

སྨྲེ་བ〔名〕痛苦；不幸.〔動〕撼短.

青海省政府印刷局印

ཙ

ཙ

ཙ་ཀོ་ལ (名)鷓鴣.

ཙ་ན (副) 其時；當時.

ཙ་ར (ཙེ་ར) (名)鞭打；鞭刑.

ཙག་ག (名) 靶上之黑點.

ཙང་ཀུན (名) 一種葯名.

ཙན་ཙ (名) 榨油之子.

ཙན་དན (名)1,栴檀；檀香. 2,軟優之物.

ཙབ་ཙུབ = ཚབ་ཚུབ 或 ཙབ་ཙབ (動)急忙；急速.

ཙབས་རུ (名)1,酸乳皮. 2,角製之筒.

ཙམ (副)1,僅；或者；將近. 2,如許；如……多；幾許.

ཙམ་ན (副)當時；約某時.

ཙམ་པ (形)狀似；狀如.

ཙམ་པ་ཀ (名)木蘭花.

ཙམ་པོ (代或名)如論何人；如此者.

ཙམ་ཙོམ 或 ཚམ་ཚོམ = ཐེ་ཚོམ (形)疑惑貌.

ཙི་ཏྲ་ཀ (名)瀉葯.

ཙོ་ན [名] 中國；支那.

ཙོ་ཙོ [名] 1,鼠. 2,中國之玉蜀黍.

ཙོ་ཏ [名] 珠寶石.

ཙོ་ག = ཇི་ལྟར, [副] 怎樣；如何；如此.

ཙོ་ཤ་ད [名] 女神名.

ཙོ་གུ་ར [名] 1,小管. 2,些微；一劑.

ཙོ་པོ 或 ཙོ་ལ་པོ [名] 背筐.

ཙོ་ཙོ = ཙི་ཙི, [名] 玉蜀黍.

ཙོ་རེ [名] 1,歌；調. 2,= ཙོ་རེ

ཙོབ་ཙོབ [形] 銳利之尖.(如針尖)

ཙོ་མ་ཙེ = ཚ་མ་ཙེ [名] 小剪.

ཙོ་ལ་པོ = ཙོ་པོ [名] 籃.

ཙོ 或 ཙོ་ར [名] 1,香料之藥材. 2,香甜百合.

ཙོག་པུ 或 ཙོག་ཙོག་པུ [名] 屈膝；趺坐.

ཙོང [名] 葱.

ཙོང་ཁ [名] 湟水之濱，即青海西寧一帶之地，為宗喀巴之故鄉.

ཙོང་ཙོང [動] 在平面；平坦；直.

ཙོབ་ཙོབ 〔形〕獨居；索居。

ཙར་ཡོ 以五指抓。

གཙག་པ 〔名〕刺棍；長鞭。〔動〕穿入；刺入。

གཙང 〔名〕後藏。

གཙང་ཁང 〔名〕寺院；廟。

གཙང་པོ 〔名〕河；大河。

གཙང་བ 〔動〕清潔；去污。〔名〕或〔形〕純潔；清潔。

གཙང་བྲུ 〔名〕1.日照傘。2.幔。

གཙང་མ 〔形〕清潔；純清；聖潔。

གཙང་གཙང 〔形〕聳；崎嶇；多山。

གཙབ་པ 〔動〕劈開。

གཙའ 〔名〕銹；霉。

གཙི་བ 完成式གཙིས 〔動〕1.喜悅；愛。2.邀請；召呼。3.指定；委派。

གཙིགས 〔形〕有價值；重要。〔動〕克服；威迫；逼迫。

གཙིགས་པ 〔動〕露齒。

གཙིར་བ 〔動〕擠出；壓出。

གཙིས 為 གཙི་བ 之完成式。

གཙུག [名]頭頂；獸頭之頂毛或頂飾.

གཙུག་ཏོར [名]1,頂嚴；首飾. 2,頂髻；佛頂之光圈.

གཙུག་ཕུད [名]1,=སྐྲ 髮. 2,頭頂；頭蓋. 3,頂毛；鳳頭.

གཙུག་ལག [名]聖學；學術；學科. གཙུག་ལག་ཁང 1,伽藍；寺廟. 2,祭堂；會議廳.

གཙུགས་པ [動]1,=བཀྱལ་བ 栽植. 2,穿孔；挖穿.

གཙུབ་པ 完成式 བཙུབས, [動]摩擦.

གཙུབས་པ = བསྲུབས་པ [動]攪成.(乳油) 參看 གཙུབ་པ.

གཙེ་བ 完成式 བཙེས. 參看 འཚེ་བ.

གཙེང་བ = གཙེ་བ.

གཙེར་བ [形]1,= འཚེ་བ. 2,འཚེར་བ. 不悦耳；厭惡.

གཙོ་བོ [名]1,首領；主宰；主人. 2,靈魂.

གཙོ་མ 或 བཙོ་མ [形]提煉；純潔. [名]苧麻.

གཙོ་མོ [名]貴婦；太太；后.

གཙོད 或 བཙོད, [名]1,一種羚羊. 2,獨角獸.

བཙག [名]赭石.

བཙག་པ 參看 འཚག་པ = བཙགས.

青海省政府印刷局印

བཙགས་མ 名 上等麵粉.（篩過者）

བཙགས་མོ＝ཙབ་མོ 名 一種飲料.

བཙང་བ 完成式 བཙངས 動 擠入.

བཙན 或 བཙན་པ 名 一種惡魔. 形 1,限制；嚴厲. 2,平穩；平安.

བཙན་པོ 名 君；王. 形 1,有勢力；有權力. 2,兇悍 3,猛然；猛烈.

བཙབ་པ 完成式 བཙབས, 動 斫碎；切細.

བཙབས 爲 བཙབ་པ 之完成式

བཙམ་པ 或 བཙམས་པ, 參看 འཚམ་པ.

བཙའ 完成式 བཙས 動 1,生育；養. 2,看守；偵察.

བཙའ་མ 名 熟穀；秋收.

བཙལ 參看 འཚོལ་བ.

བཙས་མ 參看 བཙའ་བ.

བཙས་མ 名 1, རྩས་མ, 收獲；收成. 2,薪金；費.

བཙིར་བ 參看 འཚིར་བ.

བཙུགས 動 1,獲得. 2,建設；拓殖. 3,升擢；提高. 4,生長；產生；教養.

青海省藏文研究社編

བཙུད་པ = བཙུག་པ (名) 放入; 插入.

བཙུན་པ (名) 大德; 有德者. (形) 1, 高貴; 有令名.

བཙུན་པོ = བཙུན་པ.

བཙུན་མོ (名) 1, 貴婦. 2, 后, 3 = བཙུན་མ 有德之尼.

བཙུམ་པ 完成式 བཙུམས. མིག་བཙུམ་པ (動) 瞬; 霎眼, 以目示意.

བཙེངས་པ (名) 交易; 交換.

བཙེམ་པ 完成式 བཙེམས. (動) 縫; 補綴.

བཙེམས 參看 འཚེམ་པ.

བཙེས་པ 為 འཚེ་བ 之完成式 (動) 受痛苦; 受災難; 受窘迫.

བཙོ 或 བཙོ་བ (動) 1, 染色. 2, (ཚང་བཙོ་བ.) 蒸提; 提煉.

བཙོམ (形) 1, 溫暖. 2, 煮的.

བཙོག་པ (名) 1, 污穢; 污垢. 2, 有渣或傷糞類之物. (形) བཙོག་པོ 污穢; 不潔.

བཙོང = གཙོང་བ (名) 葱.

བཙོད = སྦྲུག་ཟླ་རིང (名) 爬行者; 爬藤植物.

青海省政府印刷局印

བརྩོན 或 བརྩོན་ཁང, [名]獄；監牢

བརྩོལ་བ 為 འཚོལ་བ 之完成式.

བརྩོས 為 འཚོས 之完成式 [形]與[動] 染色；着色.

བརྩོས་པ [形]烹熟的；煮的.

རྩ [名]1,脈管；動脈. 2,腸；臟腑. 3,聯結十數與單數之字,如二十一則為 ཉེར་རྩ་གཅིག.

རྩ་ཁྲིད = རྒྱུད་པ, 或 རིགས་རྒྱུད [名]支派；苗裔.

རྩ་མཁྲིས [名]鵜食.(鳥)

རྩ་བ [名]1,根；根本. 2,根原；始因.

རྩ་ར [名]法院依照法律所科之處罰.

རྩ་ལག = གཉེན་པ [名]親屬；朋友.

རྩྭ [名]草；草本；乾草.

རྩགས

རྩད(ཚེར་མ་ཀྱི་ཕྱུ་ཏྲུ)[名]刺；荆棘.

རྩངས་པ [名]1,石龍子. 2,蜴蜥.

རྩད [名]1,= རྩ་བ 根. 2,蹤跡；足跡. རྩད་གཅོད་པ,追跡；採訪.

རྩབ་པ 或 རྩབ་རྩབ, 參看 རྩབ་རྩབ.

རྩབ་མོ [名]微酸之米湯.

རྩབ་རྩུབ [名]不穩定；不圓.

རྩབས་པ [動]切碎；切片. [名]酒母；酵.

རྩམ་པ [名]糌粑；炒麵.

རྩམ་ཤིང [名]1,=ལྷམ་རྩ 2,裝糌粑之小升；炒麵箱.(青海語)

རྩར=རྩ་ན 或འགྲམ་དུ, [副]接近；附近.

རྩལ [形]熟練；善巧. [名]1,體力. 2,螺；角號.

རྩས་མ 參看བཙས་མ.

རྩི [名]1,=སྣུམ་རྩི 漆；油漆. 2,液體；流質；分泌物.

རྩི་བ 完成式རྩིས或བརྩིས, 未來式བརྩི, 命令式རྩིས, [動]1,計算；核算. 2,卜. 3,謀；打算. 4,思考；估計；觀察.

རྩིཀྵ [名]一種樹名.

རྩིག་གི=རྩིབ, [名]肋.

རྩིག་པ [動]完成式བརྩིགས或རྩིགས, 未來式བརྩིག, 命令式為རྩིགས, 建；築；建造. [名]1,牆. 2,石工所造之物.

青海省政府印刷局印

རྩིག་ཀྱག [名] 家燕.

རྩིགས་མ [名] 1, 沉澱; 渣滓. 2, 茶脚.

རྩིང་པོ [形] 與 [名] 1, 含沙; 粗糙. 2, 粗野.

རྩིད་པ [名] 纓毛; 犛牛之粗毛.

རྩིད་བུ [名] 小山羊.

རྩིབ 或 རྩིབ་མ [名] 肋骨.

རྩིབས་མ [名] 1, 輻; 車輪骨. 2, 傘骨; 搭幕之橫木; 皮船之肋木.

རྩིས [名] 1, 核算; 計算; 枚舉. 2, 帳目. [形] 崇重; 重視. 參看 རྩི་བ.

རྩིས་པ, རྩིས་མཁན [名] 1, 會計. 2, 精年代學者. 3, 星術家.

རྩིས་དེབ [名] 1, 賬簿; 星算術.

རྩིས་དཔོན [名] 察核各宗(རྫོང) 賬目者; 國庫專員.

རྩུབ་པ [動] 辱罵; 侮辱. [名] 鏢; 投槍. [形] 1, 粗; 不平; 崎嶇. 2, 粗暴; 魯莽.

རྩུབ་པོ, རྩུབ་མོ [形] 粗野; 粗魯.

རྩེ 或 རྩེ་མོ, [名] 尖; 頂; 峰. 2, 最高之處所或品位. 3,

點；頂點；思想之焦點.

རྩེ་ཚང [名]頸兩旁之血管.

རྩེ་འཇོ [名] 1,戲. 2,跳舞及歌唱等.

རྩེ་ཞྭ [名]冠；頭飾.

རྩེ་མོ [名]尖；頂點.

རྩེ་བ 究成式 རྩེས [動] 1,玩耍；嬉戲. 2,娛樂；遊戲.

རྩེག་པ 完成式 བརྩེགས [動] 1,集聚；積蓄. 2,貪婪. 3,排列；堆. 4,喘息；震跳.

རྩེང་བ [名]完成式 བརྩེངས, 未來式為 བརྩེང 命令式 བརྩེངས 或 རྩེངས [動]撐起；掮起.

རྩེད་འཇོ 俗語為 རྩེན་འཇོ, [名]公共娛樂.

རྩེད་པ, རྩེན་པ = རྩེ་བ, [名]遊戲.

རྩེད་ཡ [名]齒酸；牙癢.(如食酸杏時)

རྩེད་མོ [名] 1,遊戲. 2,玩具.

རྩེན་པ [借喻]太陽. [形]參看快樂與無憂慮. [名]遊戲；娛樂

རྩེའུ [名] 1,刺. 2,一陣雨. 3,頸脈.

རྩེག་པ [名] = སྔོན་འགྲོ་བ, 先鋒.

རྩེངས 為 རྩེང་བ 之命令式.

青海省政府印刷局印

རྩོད་པ 〔動〕完成式 བརྩད 爭辯；辯論；諍論.

རྩོན、或 རྩོད་ཟླ 〔名〕 [illegible].

རྩོམ་པ 完成式 བརྩམས 或 རྩོམས 命令式 རྩོམས，〔動〕1,着手；開始. 2,練習；實習. 3,完成. 4,撰；著作.〔名〕開始；發端.

རྩོམས 為རྩོམ་པ之命令式或完成式.

རྩོལ་བ＝འབད་པ〔動〕奮勉；耐苦；精進.〔名〕熱忱；努力.

བརྩགས་པ＝སྡིག་པ〔名〕罪惡；惡業.

བརྩད་པ 或 བརྩམ་པ 參看 རྩོད་པ 與 རྩོམ་པ

བརྩལ 〔名〕勤勇無間；勤奮而有恆.

བརྩལ་པ 〔形〕禁止.〔名〕སྐྱུགས་པ，嘔吐.

བརྩས 〔動〕遊戲；玩耍.

བརྩེ་བ 參看 རྩེ་བ.

བརྩེགས་པ＝རྩེགས 〔名〕牆.

བརྩེས 為རྩེ་བ之完成式.

བརྩེ་བ＝བསུ་བ 〔動〕歡迎；接迎.

བརྩེ་བ〔動〕愛；仁慈.〔名〕愛情；感情；仁愛.

བརྩེག་པ 參看 རྩེག་པ.

བརྩིགས 為 རྩིག་པ 之完成式.

བརྩེང 參看 རྩེང་བ.

བརྩེངས 或 རྩེངས [名]短衣；短袍.

བརྩམས་པ 為 འཚམ་པ 之完成式.

བརྩོན་འགྲུས [名]精進；勤奮；奮勉.

བརྩོན་པ [動]志於；努力；奮力. [名]奮力；勉力. [形]＝
བརྩོན་པ་ལྡན་པ 或 བརྩོན་ལྡན 勤奮；用功.

སྩལ་བ [動]述；說；命令.

སྩེལ་བ＝སེལ་བ.

སྩོགས་པ [名]鄰居.

སྩོལ་བ＝གནང་བ [動]1,給；與；贈送；允諾 2,恢
復；復舊.

བསྩགས་པ＝བསགས་པ [形]1,積纍；積蓄. 2,應得的.

བསྩལ་བ 1,[名]音信；消息. 2,彼云；彼令.

青海省政府印刷局印

ཚ

ཚ 名 1.代ཚ་བ 2.西藏一部落名.

ཚ་ཁ 名 1.靶；箭之黑的. 2.目的物.

ཚ་ཁྲུ 名 熱痢；痢疾.

ཚ་གད་པ 名 蝗蟲；蚱蜢.

ཚ་ཚས 名 點心.

ཚ་རིང 或ཚ་ལྟེང 名 晨刻(午前八時至九時)

ཚ་དྲག 動 忙碌；迅急. 名 加鹽之食物.

ཚ་སྡུ 名 憂慮；焦燥.

ཚ་བ 形 熱 名 熱氣；火氣.

ཚ་བོ 名 1.孫；外孫. 2.姪.

ཚ་མོ 名 1.孫女；外孫女. 2.姪女.

ཚ་ཚ 名 一種施食.(泥塑尖小而圓之物)

ཚ་རག=ཚ་དྲག.

ཚ་རུ 名 綿羊皮；羔皮.

ཚ་ལ 亦稱 དང་ཚ. 名 硼砂.

ཚ་ལ 形 紅.

ཚ་ལུམ 名 錫金之甜橘.

青海省藏文研究社編

ཚ་ལེ [名] 硼砂;

ཚ [名] 鹽, 食鹽.

ཚག=ཀ་ཡག [名] 犛牛.

ཚག་ཚིག་或ཚག་ཚིགས [名] 手腳之大小關節. 2,木上之斑點. 3,雀斑,痣.

ཚག་ཚེ [名] 搗碎之麥; 麥粉;

ཚགས [名] 1,帽. 2,ཚགས་མ 篩. 3,長薄竹片; 竹籬. 4,精美之物,適宜之物. [動] 如ཚགས་ཇེད་པ 節省; 保存; 積蓄.

ཚང [名] 居住; 窩所; 巢穴; 屋.

ཚང་རེམ=འཇིགས་སྐྲངས [形] 可怕; 恐懼.

ཚང་བ [動] 完成式 ཚངས 完全; 告成; 完滿. [形] 完全; 總共; 十分充足.

ཚང་མ [形] 1,完全; 總; 共計; 全數. 2,凡; 一切; 共; 皆.

ཚང་མང [名] 1,參看ཀ་ཁོ་ལ. 2,ཐབ་ཚང 廚房.

ཚང་ཚིང [名] 1,叢林. 2,荒涼可怕之地.

ཚང་ཡ [名] 雙筒槍.

ཚང་ར [名]1,後部；脊柱. 2,羊欄.

ཚངས = གཙང་མ [名]純潔；清淨.

ཚངས་པ [形]梵淨；純潔；清潔；聖潔；[名]梵天；梵天上.

ཚངས་མ [名]守身之婦人；正靜之婦人.

ཚངས་རིགས [名]梵種；婆羅門階級.

ཚངས་རིས [名]梵天.

ཚད 或 ཚད་པ [名]大小；容量；度量；廣闊.[形]全；皆；共.[副]足够.(常與否定式同用)

ཚད་འབུ [名]1,熱度；熱氣. 2,熱症；身體發熱之病.
[名]蝗蟲；蚱蜢.

ཚད་མ [名]1,法規；制度；準度. 2,模型；規模. 3,證據；理由. 4,因明學.

ཚད་ཟླ = སྤུན་ཟླ [名]兄弟.

ཚན [名]黨；團；隊. 2, 後裔；親屬. 2,類；次；秩序；條目. [形]1,熱 溫緩. 2,ཚད་པོ,許多.

ཚབ [名]代表；委員；代理.

ཚབ་ཚུབ (與 བྱེད་པ 連用) [動]激動；擾亂.

青海省藏文研究社編

ཚབས 常與ཚ་བ同用 [動] 極大；極多.

ཚམ་ཚུམ 或 ཚམ་ཚོམ [名] 躊躇；懷疑；畏葸.

ཚར [名] 1,時機；機會. 2,念珠；花環.

ཚར་བ＝རྫོགས་པ, [動] 成功；完成. [名] 告竣；成功.

ཚར་བོང [名] 藥物名.

ཚལ [名] 樹林；園林. 2,花園；公園.

ཚལ་པ [名] 1,＝དུམ་བུར 小塊；碎片. 2,補釘.

ཚལ་མ＝ཇོ་ཟས [名] 早餐.

ཚས (藏西代ཚལ) [名] 花園；花林.

ཚི་གུ 或 ཚིག་གུ＝ཚི་གུ [名] 堅果中之核.

ཚི་བ [名] 污垢；膠黏之物.

ཚིག [名] 1,言；詞；語. 2,字；句.

ཚིག་གུ＝ཚི་གུ [名] 果核.

ཚིག་རེག＝གར་མཁན་མ [名] 舞女.

ཚིག་པ [動] 1,燃燒. 2,給難受之痛苦. [名] 怒；忿怒.
[形] ཚིག་པོ, [名] 燒焦.

ཚིག་མ [名] 腱.

ཚིགས་ དུས་ཚིགས [名] 1,關節. 2,兩關節中之筋腱. 3,鏈節.

青海省政府印刷局印

ཚིགས་བཅད [名]字數相等之斷句文；頌；偈；伽陀

ཚིགས་མ [名]沉澱物；渣滓；殼.

ཚིགས་རོ [名]＝ཚིགས་མ.

ཚིགས་ལྷུག [名]散文.

ཚིམ་པ [形]知足；滿足；愜意.

ཚིར [名]繼續；輪流；有次.

ཚིར་བ 參看འཚིར་བ.

ཚིལ [名]脂肪.

ཚིས [名]＝སོ་ནམ་གྱི་ལས，農事

ཚུ 與ཕ相反[副]此處；何此處 在此處.

ཚུགས＝སྣང་བ，[名]像或偶像之形狀.

ཚུགས་པ [名]ས་འཛིན་པ，站；驛.[動]傷害；為害；懲罰.

ཚུད་པ [動]1.འཚུད་པ，入；穿入.2.挖；掘.

ཚུན，ཚུ 或 ཚུར [副]1.此地；此方；2.(與ནས，ཆད等同用時)以內；迄；到；在，以來.

ཚུབ་མ 或འཚུབ་མ，[名]暴風雨.

ཚུར 與ཕར 相反[副]向此方；至此方.

ཚུར་རྒོལ [名]原告.

ཚུར་མོ 或 མཚུར་མོ [名] 顏料.

ཚུལ [名] 1,方法;態度;式樣;作法;習俗. 2,行為;舉止;職務.

ཚུལ་ཁྲིམས [名] 戒;戒律;誓.

ཚེ [名] 1,時;時間;世代. 2,壽命;生命;生存.

ཚེ་སྐབས [名] 時間.

ཚེ་ལྟོགས [名] 乞丐;貧乏之流氓.

ཚེ་ལྡན 或 ཚེ་དང་ལྡན་པ [名] 長老;具壽者;至聖者.

ཚེ་ཕྱི་མ [名] 來生;來世.

ཚེ་ཚེ=ར [名] 山羊.

ཚེ་རབས [名] 世代;每次再生之壽量.

ཚེ་རིང [名] 長壽.

ཚེག [名] 1,分字之點. 2,爆聲;刮刺聲;短銳聲.

ཚེགས 或 ཚེགས་པ [名] 困難;勞苦. 參看 འཚེག་པ.

ཚེགས་ཀྱི, སྐད་དུ [副] 疾速;即刻.

ཚེམ [名] 剪裁之衣料;衣料.

ཚེམས [名] 1,=སོ,齒. 2,ལྷག་པ,殘餘物;附加物.

ཚེམས་པ [名] 縫成之物. [動] 未獲利益;失敗.

青海省政府印刷局印

ཚེར (名) 1, རྒྱུག་ཚེར 2, = ཚེར 分開之時間.

ཚེར་ཀ, ཚེ་རེ 或 ཚོ་རེ (名) 1, 憂愁；痛苦. 2, 施用.

ཚེར་མ (名) 1, 刺；叢刺. 2, 荊棘.

ཚེར་ལྕམ (名) 黃色覆盆子.

ཚེས (名) 日；某日.

ཚོ 1, 代名詞或名詞的複數詞：ང་ཚོ 我們. གྲོང་མི་ཚོ 市民等. (名) 面色；容顏.

ཚོ་བ (形) 肥；肥胖；多脂肪.

ཚོག 為 འཚོག་པ 之命令式.

ཚོགས (名) 1, 群眾；會. 2, 積聚；眾多. 3, 資糧；事業；福.

ཚོགས་ཁང (名) 1, 店. 2, 集會所.

ཚོགས་འཁོར (名) 祀神之圓形祭多；曼荼羅.

ཚོགས་པ = འཛོམས་པ 動集會.

ཚོགས་ཟངས (名) 煮茶之大鍋.

ཚོགས་ལངས (形) 優越.

ཚོང (名) 貿易；經商；商務.

ཚོང་ཁང (名) 商店；堆棧；倉.

ཚོང་ཐོད (名) 買單；賣據.

ཚོང་འདུས [名]市場；商場.

ཚོང་བཟོལ [名]商場；商業區.

ཚོང་པ [名]商人.

ཚོང་ཟོང 或 ཚོང་ཟོག [名]商品.

ཚོངས 為 འཚོང་བ之命令式.

ཚོད [名]1,度量；準；比例. 2,推測；意料. 3此字可置於形容詞後，以成抽象名詞.

ཚོད་ཅན或 ཚོད་ལྡན [形]1,適度；節制. 2,拘禮；嚴肅.

ཚོད་མ，སྔོ་ཚོད 或 སྔོ་ཚལ [名]蔬菜；青菜.

ཚོད་ཤེས或 ཚོད་ཟུ [名]謎；悶葫蘆. [形]適度；有節制.

ཚོན [名]顏色.

ཚོན་པོ [形]1,肥胖. 2,如樹脂.

ཚོབ 代 ཚབ 參看 འཚབ.

ཚོམ་པ [形]ཚོམ་པོ 或 ཚོམ་བུ，一束；一把. [動]完成式為 ཐོམས 1,疑慮；躊躇. 2,膽怯；害羞. [名]懷疑；膽小.

ཚོམ་བུ，ཚོམ་པོ，[形]束；一束.

ཚོམས ཚོམས་སྒར [名]1,天井；庭院. 2,祈禱所.

ཡཕ
青海省政府印刷局印

ཚོར་བ [動]1,受；感覺；見聞. 2,藏西及青海通代 ཐོས་པ 聞；聽見. [名]受.(五蘊之一)

ཚོལ་བ 為 འཚོལ་བ 之命令式.

ཚོས [名]1,顏料；油漆. 2,參看 ཁྲོད་ཚོས, འཚོང་ཚོས 3,參看 འཚོད་པ.

ཚོས་པ [形]熟的；煮熟.

ཚོས་འཆེད [形]白.

མཚགས 或 ཚགས.

མཚང [名]1,心性上之隱惡；隱罪. 2,未形於外之忿怒.

མཚན [名]1,= མིང 名號；名字. 2,མཚན་མ 表徵；標號；記號. 3,身體各部之狀態及特點. 4,性別；性之記號.

མཚན་མཁན [名]卜者；星相家.

མཚན་གྲུང, དགྲ་མཚན [名]得勝冠；勝利之犒賞.

མཚན་ཉིད [名]1,記號；符號；徵兆. 2,精華. 3,相；性.

མཚན་མ, མཚན་རྟགས [名]記號；標誌；表徵.

མཚན་མོ [名]夜晚；黑暗.

མཚན་ཤིང [名]松樹火把.

མཚམས [名] 1.間隙；分際. 2.界線；界限. 3.聯合；聯接. 4.隅；四隅.

མཚམས་སྤྲིན [名] 霞；早晚天際之彩雲.

མཚམས་སྦྱོར = མཐུན་སྦྱོར [名] 1.接觸；黏着. 2.梵文之雙音.

མཚམས་ཚིགས = ཚད་རྗེས་པ [名] 稱獎語.(成功後)

མཚའ་ལུ [名] རྟ་ཚ་ལུ 白蹄馬. 参看 ཚ་ལུ

མཚར་བ [形] 1. མཛེས་པ 優美；美麗. 2.(常與 ངོ 同用)奇怪；希奇.

མཚར་དགའ [名] 1.報酬；賠償. 2.賭物.

མཚར་པོ = མཚར་བ.

མཚལ [名] 銀珠；鉾紅.

མཚུངས 或 མཚུངས་པ. [形] 相等；相似.

༦༠ མཚུན [名] 1.祖先. 2.一家之保護神. 3.死者之幽靈.

མཚུལ་པ [名] 1.鼻梁；2.臉之下部.

མཚེ [名] [名]麻黃.

མཚེ་སྤྲོང [名] 藥土.

མཚེ་མ [名] 孳生子；雙生子.

མཚོ་ཕྲ [名] = མཚོ་ཕྲན 池塘；小湖.

མཚོད 或 དུར་མཚོད [名]葬地；坟墓；火葬場之塔.

མཚོར་པ [名] 1, = ངར་སྐྱག 2,脾臟.(常為 མཚེར་པ)

མཚོ [名] 湖；湖泊.

མཚོ་མདའ [名]青蓮花.

མཚོག་པ 參看 འཚོག་པ.

མཚོག་མ 或 མཚོག་གཙང [名] 1,髮僅長三寸者. 2,小孩之顖門.

མཚོགས = མཚུངས [形]相似；相等.

མཚོན [名] 1,食指. 2, མཚོན་ཆ 武器；兵具；刀.

མཚོན་ཆ [名]參看 མཚོན, 武器，兵器.

མཚོན་པ [名] 1,導者；陳列者. 2,表記；記號. [動]陳列；排列；引證.

འཚག་པ 完成式為 ཚགས 或 བཙགས，未來式 བཙག，命令式 ཚོག 為 འཛག་པ 之他動式 [動]使滴下；濾清；榨出 [形]厚；肥胖.

འཚང 或 མཚང = སྐྱོན [名]過失；罪過；干犯.

འཚང་བ [動]完成式 ཚངས，未來式 བཙང，1,吐散；噴出.

2,充實；充塞。[形]完成；擴大。

འཚབ་པ [動] 1,(སྒྲིན་པ)完成式 འཚབས, 命令式 ཚོབ, 付還；償還。2,完成式 ཚབས་པ, 命令式 ཚོབས = ཧྲབས, 恐懼。

འཚབ་འཚུབ [形] 紊亂；混亂。

འཚམ་པ 或 འཚམ་པོ = འགྲིག་པ[形] 適合；適宜；依照。

འཚར་བ [形] = འདངངས་པ 合格；足夠。[動] 告峻；完成。

འཚལ་བ 完成式 འཚལ [動] 1,請求；祈求。2,欲；希望。3,吃；食。4,顯示；出示。此外如：བྲོ་འཚལ་བ, 受風寒。ཕྱག་འཚལ་བ, 敬禮。

འཚལ་མ [名] 食物；進食。

འཚིག་པ 完成式 ཚིག [動] 燒；灼；燒燬。

འཚིམ 俗語代 ཚིམ。འཚམས་སྒྲུ代 ཚམས་བྲུ。

༦༧ འཚིར་བ [動] 榨出；壓出；蒸出。

འཚུགས་པ 完成式 ཚུགས 為 འཛུགས་པ 之自動式 [動] 1,穿入；插入。2,起始。3,刺入；鑽入。4,安置；設立；設定。[形] ཚུགས 固定；堅穩。

འཚུད་པ 完成式 ཚུད [動] 置入；穿入。

འཆུབ་པ 完成式 ཆུབས 動 1,拖;挪;旋轉. 2,纏;繞. 3,壅塞;窒息.

འཆུམ་པ 名 鼓脹之腹.

འཚེ་བ 完成式 བཙེས 動 傷害;損毀;通害.

འཚོག་པ 完成式 ཚོགས 動 償債;報德.

འཚོང་བ 完成式 འཚོངས. 動 滿足;如意;快樂;令喜悅.

འཚོད་པ = བཙོ་བ 動 烹飪,煮.

འཚེམ་པ 完成式 བཙེམས 動 縫.

འཚེར་བ 動 1,嘶. 2,悲哀;哀痛;憂愁. 名 懺悔;羞恥.

འཚེར་ས 名 1,牧人所離棄之牧場. 2,離棄之地.

འཚོ་བ 動 1,完成式及命令式 སོས,生活;度日. 2,耐久;永存;保持功效. 4,完成式 བསོས 或 སོས 未來式 གསོ. 飼;餵;豢養;滋養. 5,治療;醫治. 名 1,生存;生命. 2,生計;維持.

འཚོག་ཆས = སྤྱད་ལག 名 1,貨物;須要物;動產. 2,食料;飼家畜之食料.

འཚོག་པ 完成式 བཙགས, 未來式 བཙོག, 命令式 ཚོག, (動) 1,斫；斬. 2,接芽；接樹. 3,揭短；譴責. 4,激弄；種痘.

འཚོགས་པ 完成式 ཚོགས (動) 1,集會；集合, 2,聯合；聯絡.

འཚོང་བ 完成式 བཙོངས, 未來式 བཙོང 命令式 ཚོངས (動) 貿易；賣；販賣.

འཚོད་པ 完成式 བཙོས 未來式 བཙོ 命令式 ཚོས (動) 烹；煮；烤.

འཚབ་པ 或 འཚབས་པ (動) 代表；代理；代替.

འཚོར་བ 參看 ཚོར་བ (動) 感覺；受.(如病痛)

འཚོལ་བ 完成式 བཙལ, 命令式 ཚོལ (動) 覓；尋找；謀.

འཚོས་པ (名) 1,已煮熟之物. 2,完全成熟.

青海省政府印刷局印

ཛ

ཛ

ཛ་ཏི = ཛ་ཏྲི [名] 豆蔻.

ཛ་བ, ཛ་བ་སེར, [名] 玫瑰.

ཛ་ཡ [名] 1, 泥之沉澱; 水中之綠澱. 2, 樹上之斑點.

ཛ་སག་ས [名] 扎薩克.(蒙古官名)

ཛམ་བུ [名] 1, 黃金. 2, 神之如意樹. 3, 番石榴.

ཛམ་བྷ་ལ [名] 西藏之閻羅或財神.

ཛི་ཧུ [名] 烟囪; 烟筒.

མཛངས་པ [形] 有時寫作 འཛངས་པ 聰明; 有學識. [名] དཔའ་བོ 英雄; 武士.

མཛད་པ [名] 所作之事; 事業; 工作; 行爲. 2, 已成之事. [動] 命令式 མཛོད 爲 བྱེད་པ 尊稱式.

མཛའ་བ [名] 和睦; 親愛. [形] ཉེ་བ, 親密; 接近. [名] 朋友; 親屬; 親愛者. 2, 有誼; 感情.

མཛའ་བོ = སྙིང་སྡུག [形] 親愛. [名] 1, 愛情. 2, 丈夫; 朋友.

མཛུག་གུ 參看 མཛུབ་མོ [名] 手指; 食指.(俗語)

མཛུབ་མོ [名] 1, 手指; 食指. 2, 趾. 3, 爪.

མཛེ (名) 癩瘋.

མཛེ་ཚོག (名) 一種鎧.

མཛེར་པ 或 འཛེར་པ (動) ཟེར་བ 說；謂；講. (名) 瘤；木瘤.

མཛེས (形) 美麗；奪魄；動情.

མཛོ (名) 犏牛；公犛牛與牝黃牛所生之雜種牛. མཛོ་མོ 牝犏牛. མཛོ་ཕྲུག 小犏牛.

མཛོད (動) 為 མཛད་པ 之命令式. (名) 庫；倉；貨棧；儲藏所.

མཛོད་པ (名) 司庫者.

མཛོད་སྤུ = མིག་གི་རྫེ་མ, (名) 眼毛.

མཛོད་ལྗུས = ཚུ་ཤིང (名) 甘蔗.

མཛོལ་བུ (名) 1, 獸苑. 2, 憂愁；悒鬱. 3, 陷阱；坑.

འཛག་པ 完成式 གཟགས 或 ཟགས, 未來式 གཟགས, (動) 1, 漏；漏出. 2, 滴；滴下. (名) = སྡུག་བསྔལ་བ, 苦.

འཛང་འཛོང = གཙང་གཙོང.

འཛངས་པ (形) 1, 貪財. 2, = ཟད་མ, 消耗；消費.

འཛད་པ 完成式 ཟད, (動) 1, ཟད་པ 盡；消滅. 2, 墜落；傾敗.

青海省政府印刷局印

འཛན་དཀའ་=སྙེར་དཀའ, [形]難獲得.

འཛབ་པ [動]1,念佛.(捻念珠)唸咒. 2,奮勵;奮勉;勤奮.

འཛམ་གླིང 或 འཛམ་བུའི་གླིང [名]南贍部洲.

འཛམ་བུ 參看 ཛམ་བུ [名]番石榴.

འཛམ་ཐུར [名]搶;礅.

འཛའ [名]利息.

འཛར [名]流蘇;懸垂之物.

འཛར་བ [動]1,進午餐. 2,完成式 བཟར 未來式 གཟར, 掛;垂懸;披于肩. 3,胡亂穿着;亂堆衣服.

འཛི་བ [動]1,忙碌;從事. 2,齋戒.

འཛིང་བ [動]1,爭論;口角. 2,撲鬥.

འཛིངས་པ [形]竪髮;蓬鬆;披首散髮;蓬首.

འཛིན [名]1,捕;攫;執;握. 2,蝕.(日月) 3,保持者. 4,容受器.

འཛིན་སྣངས, [名]1,拳. 2,握拳;一握.

འཛིན་དམ [名]蓋章之收據;執照.

འཛིན་པ 完成式 བཟུང 或 ཟུང 未來式 གཟུང, 常變為

ཟིན་པ [動]執；握；攫。2.受持；實覺；領會；通達。3.支住；維持。4.視為；持；敬重。[名]1.領悟；通達。2.才能。3.執；握。4.執者；佔有者；施行者。

འཛིན་མ [名]1.載萬有之大地。2.產婆。

འཛིར་བ [動]洩出；擠出；捏出。

འཛུ་བ 完成式 འཛུས [動]攫住；執；捕。

འཛུགས་པ 或 ཛུག་པ，完成式 བཙུགས 或 ཛུགས 未來式 གཟུགས，為 འཚུགས་པ 之他動式。[動]1.插入；放入。2.植；豎立；安置。3.設立；創立；設定。4.介紹。5.鑽入；刺入。6.執住。

འཛུད་པ 完成式 བཙུད་པ，命令式 ཛུད，為 ཚུད་པ 之他動。[動]1.引導；指導。2.引誘。3.插入；放入。

འཛུབ་མོ 或 མཛུབ་མོ [名]1.食指。2.拇指至食指尖之長度。

འཛུམ 或 འཛུམ་པ [名]微笑；含笑。

འཛུམ་པ 完成式 བཙུམ 或 ཛུམ，未來式 གཟུམ，命令式 ཚུམ，[動]閉合（口，眼）2.笑；憨笑。

青海省政府印刷局印

འཛུམ་མྱུལ 或 འཛུམ་དམྱུལ, [名]笑；微笑；含笑.

འཛུར་བ 完成式 བཙུར་བ, 未來式 གཙུར, [動]驚跳；退避.(馬)

འཛུལ་བ [動] 1,平流. 2,悄出；潛入；避邑.

འཛུས 參看 འཛུད་པ.

འཛེག་པ [動]爬上；登高；走上.

འཛེང [名]磨刀石.

འཛེང་བ [動] 1,以槍作戰；投食。2,刺；射出.

འཛེད་པ 完成式 བཟེད, 俗語為 བཟེད་པ [動]呈示；顯出.

འཛེམ་པ ＝ ཟོན་ཞེད་པ [動]退避；脫免；戒.

འཛེར ＝ གླུ་དབྱངས [名]音樂；歌唱.

འཛེར་བ [名]身體上之肉瘤. [動] 1,說；談；講. 2,破聲；放聲.

འཛོག་པ [名]拳. [動]握拳.

འཛོང་འཛོང [形] 1,有齒的；尖的. 2,長方的.

འཛོབ་བཟུང ＝ བཟུང་འཛོག.

འཛོམ་པ 或 འཛོམ་པ [動] 1,相遇；接近，交搭. 2,集會；集攏.

འཛོམ་པོ [形] 1,豐富. 2,肥沃.

འཛོལ་པ [名] 過失；錯誤.

འཛོལ་བ [動] 1, ནོར་བ, 弄錯；錯誤. 2, 顫動. 3, 混雜；混亂.

རྫ [名] 1, 粘泥. 2, 陶器.

རྫ་ང [名] 泥燒之蘇鼓.

རྫ་ཆུ [名] 雜楚河；瀾滄江.

རྫ་མ [名] 缸；罈；盆；鑵.

རྫ་གསོང [名] 煎炒器.

རྫང = བང་བ, [名] 箱；匣.

རྫང་བ = རྫོང་བ.

རྫངས་པ མི་མངགས་པ 或 གཏོང་བ, [動] 遣；派.

རྫབ = འདམ 或 འདག་རྫབ, [名] 泥；泥濘.

རྫབ་རྫུབ [形] 1 རྫུན་པོ 虛妄；欺詐. 2, 空虛.

རྫབ་རྫོབ = འདམ་བག, [名] 泥；泥灰.

༦༥ རྫས [名] 1, 物質；實物；物件. 2, 財產；財物. 3, 實物；實在.

རྫི [名] 1, 風；送氣味者. 2, རྫི་བོ 牧人；牧牛羊者.

རྫི་སྐྱིར [名] 牧人之小屋.

རྫི་བ 完成式 བརྫིས 或 རྫིས, 未來式 བརྫི, 命令式 རྫིས 或 བརྫིས

青海省政府印刷局印

[動] 1,搗碎；研. 2,抹. 3,踏. 4,困危；困難.

རྫི་བོ 參看 རྫི [名]牧人.

རྫི་མ [名] 1,睫毛. 2,壺；罐；盒.

རྫི་བུ [名] 1,牧童.(為 རྫི་བོ 之指小詞) 2,魚鰭.

རྫིག་རྫིག = ཙམ་ཙམ, [形]言語粗魯.

རྫིང་ 或 རྫིང་བུ [名]池；浴池.

རྫིངས = གྲུ་རྫིངས [名] 船；筏.

རྫིས 為 རྫི་བ 之命令式.

རྫུ = ཁམ་པ 或 ཕྱུས [名]佯為；假冒；虛僞.

རྫུ་བ 完成式 བརྫུས 或 རྫུ་བ 未來式 བརྫུ 命令式 རྫུས 或 བརྫུས, [動]

變化；易態；改形；改變；僞態.

རྫུ་འཕྲུལ [名] 1,神變；幻術；幻化. 2,欺騙；奇蹟.

རྫུན, བརྫུན [名]虛妄；誑語；虛構.

རྫུབ = རྫུས་སྐྱག, [名]欺騙；誑.

རྫུས 為 རྫུ་བ 之命令式.

རྫུས་སྐྱེས 或 རྫུས་ཏེ་སྐྱེ་བ, [名]化生.

རྫུས་མ [名] 1,僞造之物；贋鼎. [形]虛僞；假的.

རྫེ་བ 完成式 བརྫེས 或 རྫེས, 未來式 བརྫེ, 命令式 རྫེས [動] 1,捆束；

摺.(如衣) 2.歪戴.(帽) 3.翻過,(書) 4.聳起
5.恐駭.

རྫའུ 為རྫམ之指小詞. [名]小缸;小罈.

རྫིས 為རྫི་བ之命令式.

རྫོགས [名]完成;告竣.

རྫོགས་ཁུང [名]小窗;窗洞.

རྫོགས་ཆེན [形]最圓滿. [名]舊教之一派.

རྫོགས་པ [動]完成;成就;終結. [形]完善;完成.

རྫོགས་ཚིག 參看 སླར་བསྡུ [名]終語詞.

རྫོགས་རིམ [名]舊派秘密儀式之一種.

རྫོང [名]堡壘;城堡. 邑縣長與稅吏駐紮處.

རྫོང་བ 完成式 བརྫངས 或 རྫོངས 未來式 བརྫང 或 རྫོང [動]
致送;差遣;攜帶.

༦༦ རྫོབ་པོ 或 རྫོབ་མ [形]空談;無效.

བརྫི 參看 རྫི་བ.

བརྫིས 參看 རྫི་བ,[動]拌;調泥.

བརྫུ 為 རྫུ་བ 之未來式.

བརྫུ་ཕྱིས = སྒམ་ཆེ་བ、[名]大箱或匣.

青海省政府印刷局印

བརྫུན 參看 རྫུན [名]謊語；妄.

བརྫུས＝སྤྲུལ [動]變化.

བརྫེ 參看 རྫེ་བ

བརྫེས [動]1，移開. 2，為 རྫེ་བ 之完成式.

ཝ

ཝ [名]水槽；凹槽；管（多指木製者）.

ཝ [名]狐；狐狸.

ཝ་ཏི [名]尼泊爾之一聖廟.

ཝ་པ [名]贅疣；喉腫痛.

ཝ་ཚྭ [名]鹹鹽；治喉症之鹽藥.

ཝ་ར [名]一種茶名.

ཝ་རུ་ཎ [名]1,水神. 2,一種植物. 3,一龍神名.

ཝ་ལེ或ཝལ་ལེ或ཝལ་ལེ་བ [形]明顯清楚.

ཝ་སི [名]一種蘋果.

ཝང [名]王；王爵.

ཝུ་རྡོ [名]1,參看　　投石器. 2,浮石.

ཝར་མ [名]拜物教之一類小神.

ཝེ་ཏི [名]一著名佛像.（在尼泊爾邊境之སྐྱིད་གྲོང）

青海省政府印刷局印

ཞ

ཞ 代 ཞ་ཉེ.

ཞ་དཀར [名] 錫.

ཞ་འཆག [形] 不完全；有缺點.

ཞ་ཉེ 或 ཞ་ནེ, [名] 鉛.

ཞ་ཏེ་མ [名] 搗碎之乾奶餅.

ཞ་བ [形] 跛。[名] ཞ་བོ, 跛者.

ཞ་འབྲིང 為 ཞབས་འབྲིང 之殘缺式 [名] 僕人；從人.

ཞ་ལ 為 ཞལ་བ 之殘缺式 [名] 泥灰；白堊；粉.

ཞྭ 或 ཞྭ་མོ [名] 冠；帽.

ཞྭ་དམར [名] 紅帽派；紅教徒.

ཞྭ་སེར [名] 黃帽派；黃教徒.

ཞག [名] 1,血之凝塊。2,茶皮或乳皮. 3,一日 4,霧；煙；氣。

ཞག་པོ [名] 一日.(俗語)

ཞགས་པ [名] 套索；撒網.(有活結，以捕鳥及野獸者)

ཞང 或 ཞང་པོ 俗語為 ཨ་ཞང, [名] 母舅；舅父.

ཞད=ཚོད [名] 正確之猜度.

ཞན་ 或 ཞན་པ [形] 弱；衰弱；低弱.

ཞབས [名] 1,足.(尊稱字) 2,下端；底.

ཞབས་ཀྱུ [名] 第二母音 之名.

ཞབས་ཕྱོག, ཞབས་ཏོག , [名] 事務；職務.

ཞབས་སྔང [名] 1,足前(書信中用語) 2,僕；公僕.

ཞབས་འདེགས [名] 職務；事務.

ཞབས་འདྲེན [名] 陵辱；羞辱.

ཞབས་ཕྱི 與 གཡོག་པོ 同[名] 1,僕從；公僕；2,盡職于寺院及國者.

ཞམ་ཆ 代 ཞ་མཆུ [名] 風箱之嘴.

ཞམ་རིང = སྐུ་མདུན་དུ [名] 偉人之前.

ཞར་བ [形] 1,衰老, 2,殘廢；肢體不全. ལག་ཞར 癱手 རྐང་ཞར 跛足.

༥༥

ཞར་བྱུང [名] 1,機令；時機. 2,附錄.

ཞར་ལ 1,[形] 跟隨；繼續. 2, 跟同；關於；適值

ཞལ [名] 1,臉；容顏；品貌. 2,口.

ཞལ་ཆེ [名] 判斷；決定.

ཞལ་ཆེམས [名] 與 ཁ་ཆེམས 同，遺囑.

青海省政府印刷局印

ཞལ་ཏ [名] 1,聽眾. 2,查閱. 3,職務. 4,指示；訓示；勸戒.

ཞལ་མཐུན =ཁ་མཐུན.

ཞལ་གདམས [名]命令；訓示；指導；勸戒.

ཞལ་བདག [名]僧官；大會中維持秩序之喇嘛.

ཞལ་འདོན 與ཁ་འདོན同.

ཞལ་པོ =དཀར་ཡོལ.

ཞལ་ཕོར =ཁ་ཕོར, [名]茶杯.

ཞལ་བ [動] ཞལ་བགྱིད་པ, 鏝；塗抹.

ཞལ་བུ [名] 小杯.

ཞལ་བྱང 與ཁ་བྱང [名]名號；標題；題記.

ཞལ་གཟིགས [名] 1,題記. 2,鬼魅.

ཞལ་ཡམ [名]笑話；戲言.

ཞི་ཤིལ [名]穀中洗出之渣及他不潔物.

ཞི་བ [動] 1,平靜；安定；鎮定；固定. 2,減除. 3,聰慧. 4,不動心. [名]平靜；和平. [形]溫和；安靜；平安；和靄.

ཞི་མ [名]竹篩或木篩；簸箕.

ཞི་མི 或 ཞིམ་བུ [名] 貓.(俗語)

ཞི་ཙ་འཁྲུག = ཁོང་ཁྲོ [名] 憤怒.

ཞིག 1,= ཅིག 2,參看 འཇིག་པ.

ཞིག་མེར [名] 群衆.

ཞིང [名] 1,田;土地;可耕之地. 2,稼穡;耕耘. 3,自身;自已.

ཞིང [名] 天體;範圍;界限.

ཞིང 此為一結尾字;與動詞根合併,用與添後字ང,ན,མ,འ,ར,ལ之後義為"而;且,"或"及;與".參照 ཅིང 與 ཤིང.

ཞིང་པ [名] 農人.

ཞིང་ས [名] 1,土地;可種植之地. 2,省;省區.

ཞིབ [名] 1,粉末;細末. 2,精細劃分之物;細目;條欵.

ཞིབ་པ [形] 1,正確;精審. 2,精微;佳美.

ཞིབ་མ [名] 簸箕.

ཞིབ་མོ [名] 微分. [形] 精細;精審;[副] 恪.

ཞིབ་ཕྱེར [名] 詳細考察;比較細目.

青海省政府印刷局印

ཞིབ་ཕྲུག = ཞིབ་ཆས [名] 細目.

ཞིམ་པོ [形] 香；味美；有香味.

ཞིམ་བུ = ཞི་མི [名] 貓.(俗語)

ཞིལ་མ = ཀོར་བུ或སྐོར་བུ

ཞུ་དག [名] 1,改良；修正；教正. 2,學習；修.

ཞུ་འདེགས = གཟིགས་རྟེན, [名]與書信同送之禮物.

ཞུ་བ [動] (1)完成式 བཞུས 或 བཞུ, 未來式 གཞུ, = ཞིམ་པ།, 溶化；溶解. 2,消化. (2)完成式 ཞུས 1,請求；請問. 2,說；云；告訴. [名] 1,請願；禀請；懇求. 2,詢問；查察.

ཞུ་མར 俗語代 སྒྲོན་མེ [名] 燈；光.

ཞུགས 代 མེ [名] 火.

ཞུགས་པ [動] 1, = འཁྱུད་པ 懷抱. 2,參看 འཇུག་པ, 入；進；納入. 3,纏繞；捲包. [名] ཞེན་པ, 希望；欲；願.

ཞུང་ཞུང 與 ཞེད་པ 連用 [動] 反覆點頭.(如鴿)

ཞུད་པ [形] ཉམས་པ 消瘦；憔悴；凋殘. [動] 1,扭；紡. 2,垂；懸；掛.

ཞུན་ཟེགས [名] 鐵火星.

ཞུན་པ, ཞུན་མ, [名] 溶化之物.

ཞུན་མོ [形] 溶解. [名] 易溶之物.

ཞུབ་པ = གོ་ཁྲབ [名] 盔甲.

ཞུམ་པ [形] 膽小; 恐懼. [名] 1, 懼; 喪膽; 驚惶失措. 2, 鬆; 不嚴. [動] (代ངུ་བ) 哭泣; 悲哀.

ཞུམ་བུ = ཞི་མི.

ཞུར [名] 獸鼻; 獸之口鼻.

ཞུལ = ཉུང་བ 或 མར་ཆགས་པ [形] 縮小; 減少.

ཞུས་སྣ [名] 請願團之首領; 黨魁; 委員長.

ཞུས་པ 參看 ཞུ་བ.

ཞེ [名] 天性; 稟賦; 嗜好.

ཞེ་མེར་བ [形] 1, 可厭惡; 忤意. 侮慢.

ཞེ་ལོག = ཞེན་ལོག [形] 厭惡.

ཞེ་ན = ཟེར་ན 若曰; 若謂; 若云此; 若問此.

ཞེ་ས [名] 1, 尊敬; 敬禮; 有禮貌. 2, 致意語; 尊敬語.

ཞེ་སུན [形] 發怒; 發脾氣; 乖癖.

ཞེང, ཞེང་ཁ [名] 1, 濶; 廣濶. 2, 口面; 寬窄.

青海省政府印刷局印

ཞེད་པ [動]恐懼.

ཞེན་པ [動](與ལ同用) 1,欲望；希望；願. 2,戀；動心. [名] 1,仰慕；愛戀；欲. 2,貪婪；奢欲.

ཞེར་པོ [形] 1,可憐. 2,粗鄙；卑賤.

ཞེལ [名]劣品；極劣之貨. [形]惡；劣；粗下.

ཞེས 此為一接尾字. 義為"云云；如此云云；如斯；如是". 用于添後字 ད, ན, ར, ལ, མ, འ 諸字母之後，與　同.

ཞོ [名] 1,酪；乳；酸乳. 2,錢；一錢. 3,斑點；小點.

ཞོག 1,為 འཇོག་པ 之命令式. 2,[名]一地名.

ཞོགས = སྔ་དྲོ [名]上午；晨.

ཞོད [形]下；低.

ཞོད [形]極大；極多.

ཞོན [動]騎；乘. [名]乘；車；舟.

ཞོམ་པ = ཟླ་ཞོམ་པ

ཞོར [形]偶然.

ཞོལ [名] 1,位置在下之物；附屬物. 2,屬於寺院之村居. 3,鬚；下部之毛.

གཞིག་པ [動]參看 འཇིག་པ.

གཞང [名]肛門.

གཞང་འབྲུམ [名]痔瘡.

གཞད་པ 為 བཞད་པ 之誤寫.

གཞན [形]與[名]他人；其他；另一；別一人.

གཞན་དོན [名]利他；他人之利益.

གཞན་དྲིང 1,[形]自足. 2,=འགྲན་ཟླ 3,[名]虐待.

གཞན་པ=གཞན, [名]另一；其他.

གཞན་འཕྲུལ [名] གཞན་འཕྲུལ་དབང་བྱེད, 他化自在天.

གཞན་དབང [名]依他起.(三性之一)不自由；不自主.

གཞན་ཡང [副]並且；尚；更；另外；復次.

གཞབ་པ [動]1,以手觸或摩擦；2,舐.

གཞམས་པ 誤代 བཞམས་པ.

གཞའ་བ [動]1,戲弄；玩耍；遊戲. 2,呼叫. 3,信仰；信託.

གཞའ་མ [名]一種鐙.

གཞའ་ཚོན=འཇའ [名]虹.

གཞའ་གསང, [名]幸福；恩惠.

གཞར་ཡང = ནམ་ཡང, [副] 稀少；罕. 2, 再；復.

གཞལ་བ 為 འཇལ་བ 之他狀 [動] 稱；秤；衡.

གཞལ་ཚད [名] 1, 量；稱. 2, 標準.

གཞས [名] 戲弄；嬉笑；遊戲.

གཞི 或 གཞི་མ [名] 1, 根源；根本；基礎；始因. 2, 根, 植物之根. 3, 地；地板. 4, 居所；家宅；5, 原理；內容；宗旨.

གཞི་ཅན [名] ནགས 森林；曠野. [形] 1, 有基礎. 2, 有地板.

གཞི་ཆེས = གལ་ཆེ [形] 極重要.

གཞི་བདག [名] 1, 本地之神祇；土神. 2, 王；貴人.

གཞི་པ = བརྟག་པ.

གཞི་བ [名] 土民；居民.

གཞི་མ = ཀུན་གཞི, [名] 1, 基礎；下層. 2, 居所. 家宅.

གཞི་མེད = སྟོང་པ་ཉིད [名] 空.

གཞིག་པ [動] 1, 為 འཇིག་པ 之未來式. 2, གཞིགས་པ, 考察；詳察.

གཞིབ་པ 為 འཇིབ་པ 之未來式. [動] 吮；吮乳.

150

གཞིབས་པ [動]排置有序.

གཞིར་བཙས = ཡོད་བཞགས (俗語) [副]自然；一定.

གཞིལ 為 བཙིལ་བ 之另式.

གཞིལ་བ 1,為 འཇིལ་བ 之未來式. 2,= བཙོས་པ.

གཞིས་ཀ [名]1,本國；本處. 2,農夫之住宅. 田莊. 3,地產；財產.

གཞིས་དགོན = གྲོང་དགོན[名]村鎮之寺院.

གཞིས་རྩེ 為 གཞིས་ཀ་རྩེ之縮寫. [名]日喀則.(後藏之首城)

གཞུ [名]1,弓. 2,拱門.

གཞུ་བ [動]打；鞭撻.

གཞུག 1,= མཇུག [名]末端；極端. 2,為 འཇུག་པ 之未來式.

༧༤

གཞུང [名]中心；中央. 2,政府；行政部.

གཞུང་བ 完成式 གཞུངས [動]與[名]注意；留心.

གཞུང་ལུགས [名]1,政府之法律. 2,佛之教誡.

གཞུད་པ 為 བཞུད་པ之誤. [動]1,走；行；去. 2,放入.

གཞུན་པ 為 བཞུན་པ之未來式.

青海省政府印刷局印

གཞུན་པོ [形]最佳.

གཞེ་ཉིང 代 གཞེས་ཉིང [名]前年.

གཞེ་ར [名]洋芫荽(藏中俗字)

གཞེང 代 ཞེང.

གཞེན 或 གཞེན་པ, [形]1,記憶;回憶. 2,勸告;警誡.
[動] གཞེན་པ點燈.

གཞེར་བ = བསྙན་པ.

གཞེས [名]以前或以後之時間.

གཞེས་པ [動]1,興旺;昌盛;幸運. 2,坐;候.

གཞོ་བ 為 བཞོ་བ之誤. 參看 འཇོ་བ.

གཞོག་པ 1,參看 འཇོག་པ 2,[名]清晨.

གཞོག་སྙིགས [形]嬉戲;玩耍.

གཞོགས [名]軀體之一半;旁.

གཞོང་པ [名]木槽;木桶.

གཞོངས = ལྗོངས [名]流域;區域.

གཞོན་ནུ = ན་གཞོན་པ[名]青年;少年.

གཞོན་པ·[形]幼;年青. [名]幼者;少年.

གཞོབ [名]1,མེ་གཞོབ燒焦;燒灼;燒痕. 2,碎

礴聲.(樹倒時)

གཞོམ་པ [動] 1,為 འཇོམས་པ 之他式. 2,完成式 གཞོམས,

碎裂; 舂碎.

གཞེར་བ 參看 འཇེར་བ.

གཞོལ་བ [動] 1,流下. 2,下馬. 3,住; 致力. 4,開; 不閉.

གཞོས 代 བཞོས 參看 འཇོ་བ, [動] 密語; 私談.

བཞག [名] 體內各部.

བཞག་པ [動] 1,參看 འཇོག་པ 2,撕裂; 舊破.(布) 3,裂開.

བཞད [名] 1, ངང་པ,鵝; 雁; 天鵝. 2,後藏一地名.

བཞད་པ [名] 1,快樂之聲; 表示應諾之聲. 2,鵝; 雁;

天鵝. [動] 開花; 開展.

བཞབ་པ 參看 འཇབ་པ.

བཞམས་པ [動] 1,撫摩. 2,甘言誘之. 3,擁抱.

༡༧ བཞའ་བ = གཤེར་བ [形] 濕

བཞར [動] 剃; 剪.

བཞི [形] 四. བཞི་པོ,四個; 此四.

བཞི་པ [形] 1,第四; 第四者. 2,具四者; 有四者.

བཞི་ཟུར [名] 四分之一.

青海省政府印刷局印

བཞི་ཤད [名]表示一章或一卷終結之符號，四直畫形如|| ||.

བཞིན [名]＝གདོང 容貌；臉. [副]1,如；若；宛若. 2,依照. 3,因為；由於.

བཞིན་མ [名]繡花布；金線布.

བཞིབས 為 འཇིབ་པ 之完成式.

བཞུ 參看 བསྲེགས་པ [形]焚化；燒壞.

བཞུ་བ 參看 ཞུ་བ 與 འཇུ་བ, [動]消化；容化.

བཞུ་ཤེལ [名]一種小圓石或晶石.

བཞུགས 與 སྡོད་པ 及 འདུག་པ 同, [動]1,坐. 2,居住. 3,生存；存在；留存. 4,添入；記于；包含.(指書)

བཞུད་པ 與 འཐོན་པ 同, [動]起程；動身.

བཞུན [形]熱心；努力.

བཞུར་བ [動]1,濾清. 2,＝བཞར་བ 或 གཞར་བ.

བཞུས་པ 參看 ཞུ་བ.

བཞེང་བ 完成式 བཞེངས, 與 སྒྲེང་བ 同, [動]1,建立；製造. 2,組織.

བཞེངས་པ 同 ལང་བ, [動]起來；升起.

བཞེད་པ [動] 1,＝གསུངས་པ 2,議；陳述；申說．4,接受；取著．[名] 陳述之事；意見．

བཞེས་པ [動] 1,著；取；接受；取饌．2,奪去；充公；3,食；飲．4,享受．(如年歲) [名] 食物；肉食．

བཞོ་བ 完成式 བཞོས [動] 取乳．

བཞོག་པ [動] 斫；碎為小片；劈．

བཞོང 代 གཞོང．

བཞོན་པ [名] 車；乘；備騎之馬．

བཞོན་མ [名] 1,乳牛．2,北綿羊．

བཞོས་པ 參看 བཞོ་བ．

ཟ

ཟ

ཟ་ཀོང 參看ཀོང [名]金錢癬.

ཟ་ཁང [名]飯館；酒店；食堂.

ཟ་ཆུ 或 ཟ་ཆུའི་ནད [名]遺精.

ཟ་འཕྲུལ ＝ཟ་འཕྲུག.

ཟ་ཆག [名]蕁麻.

ཟ་འཕྲུག [名]發癢；癬.

ཟ་བ [名] བཟའ་བ，食物；肉食；糧食. [動]完成式 བཟས 或 ཟོས 命令式 ཟོ. 吃；進食.

ཟ་བྱེད [名]1.火. 2.口. 3.食人魔. 4.金鋼.

ཟ་མ [名]1.ཟས食物. 2.婦人. 3＝དུས་ཚོད 時間.

ཟ་ཟི [名]1.食物；活命必須品. 2.可厭之厭談.

ཟ་འོག [名]光滑之綢.

ཟ་ར [名]下午之末.

ཟ་རུ [名]＝ཤིང་སྐྱོགས 木杓.

ཟ་ཧོར 為ས་ཧོར 之殘缺式[名]城，鎮.

ཟ [名]蕁麻.

ཟག་པ [形] མ་དག་པ, 不潔；垢污；汚濊. [名] 1, 漏.
2, 罪惡；邪惡. [動] 有時代 གཟག་པ, 參看 འཛག་པ.

ཟག་རོམ = གཞང་གཅི [名] 便溺；排泄物.

ཟགས་པ [形] 落下.

ཟང་ཟང = ཟང་ཟིང, ཟིང་ཟིང 或 གཟིང.

ཟང་ཟིང = ནོར 或 རྫས [名] 1, 財；財物. 2, 事.
[形] 擾亂；混雜.

ཟངས [名] 1, 銅. 2, 壺；鍋. [形] ཐོགས་པ་མེད་པ, 無礙；無阻.

ཟངས་གླིང [名] 1, 銅管樂；銅喇叭；銅笛. 2, 銅洲.(島名)

ཟངས་ལྕིར [名] 一種杜松.(葉乾,色如銅,可作香料).

ཟངས་དམར [名] 紅銅.

ཟངས་རྩེ = ཚ་ལ 或 ཏྭ་ཚ [名] 硼砂.

ཟད་པ [動] 爲 འཛད་པ 之完成式. [名] 或 [形] 全；一切.

ཟད་པོ = གོས་རྙིང་བ [名] 舊衣；破衣.

ཟད་མ [名] 1, 扒手；扱者. 2, 夜.

ཟན [名] 1, 食物；煮食之物. 2, 粥；羹；湯.

青海省政府印刷局印

ཟན་ཁྲུས [名] 1,作生麵團之杯. 2,飼料. 3,食者.

ཟན་ཆིང [名] 嫁於贊普之文成公主之名.

ཟན་སྐྱིག [名] 錯誤.

ཟན་པ [名] 商勸; 提醒; 建議.

ཟན་པོ 參看 གཟན་པོ.

ཟན་མ [名] 1, ཙམ་པ 糌粑; 炒麪. 粉; 2,庖丁.

ཟན་རྫ [名] 煮物之鍋; 罐.

ཟན་ཟས [名] 飯; 饍; 食物.

ཟབ [名] 綠; 中國之上等緞. 參看 དར་ཟབ.

ཟབ་པ [動]完成式 ཟབས 使深; 掘深. [形]與[名]深; 深奧; 深厚; 審.

ཟབ་མོ, ཟབ་པོ [形] 1,深. 2,深沉; 深奧.

ཟབས [名] 1,= མཐུག་པོ 密; 厚. 2,深.

ཟམ [名] 1,= རྒྱུན 連貫; 繼續. 2,絨墊; 毛毯. 3,= རིམ 或 རིགས 排; 次; 種類.

ཟམ་པ [名] 橋.

ཟམ་ཟེ [名] 似絨之柔墊.

ཟར 1,[名] 乾草叉; 叉桿. 2,為 之變體.

ཟར་བབས [名] 1,流蘇. 2,金錦緞.

ཟར་མ [名] 1,胡麻. 2,纖組.

ཟལ [名] 1= སྤུ་མདོག,毛色. 2,河中無人烟之小島.

ཟས [名] 食物; 飼料; 滋養料.

ཟི [名] 形量極小之物.

ཟི་མ [名] 水中之綠浮沫.

ཟི་ཟིར 或 ཟ་རེ་ཟི་རེ [形] 1,不重要. 2,紊亂.

ཟི་ར [名] 芫荽.

ཟི་རི་རི [形] 嗡嗡; 颼颼.

ཟི་ཙ [名] 俗語代 གཟིར་ཙ

ཟི་ལ [名] 合金.

ཟིང་ཆ [名] 決裂; 爭論; 口角.

ཟིང་ཟིང [形] 豎毛; 豎髮.

ཟིན་ཏིག [名] 龍胆.

ཟིན་ཐུན = ཟིན་བྲིས, [名] 1,草稿; 畫稿. 2,記錄; 備忘錄.

ཟིན་པ [動] 1,記憶. 2,學習. 3,執持; 持受. 4,= འདུད་པ 終結; 總結. 5,耗盡. 6,གྲུབ་པ,完成;

青海省政府印刷局印

終結；邊去. [名]記憶力.

ཟིན་བྲིས = ཐོ་ཟིན [名]1.收據. 2.義務. 3.借券.

ཞིབ་ཕྲ [形名]1.詳細劃分；精密. 2.佳美. 3.單薄；薄弱.

ཟིར་མོ [動]滑溜；溜動.

ཟིལ 或 ཟིལ་མ [名]光輝；光榮；燦爛.

ཟིལ་པ = ཟིལ་ཐིགས [名]露；露珠.

ཟུག 或 ཟུག་པ [名]疾病；痛苦.

ཟུག་རྔུ = སྡུག་ཟུག , [名]痛苦；不適；發痛.

ཟུག་པ 1 = འཛུགས་པ, 2.參看 = ཟུག. [動]建築；建立.

ཟུགས 為 འཛུག་པ 之完成式.

ཟུང [名]或[數] 雙；對；一雙；一對.

ཟུང་ཆུ 或 ཟུང་ཆུ, [名]省；州.

ཟུངས 為 གཟུངས 之命令式.

ཟུད 為 འཛུད་པ 之命令式.

ཟུམ་པ [動]閉；關. 參看

ཟུར [名]1.邊；緣. 2.角隅. 3.楞. 4.草圖；綱領.

ཟུར་རྡོ [名]建築之基石.

ཟུར་པ = ཟུར་བཞུགས་པ, [名]退官者；退職者；私人.

ཀྱར་བ [動] 推; 搖.

ཀྱར་འཁྱལ [名] 私人謊錄.

ཀྱར་མ = ཀྱར.

ཀྱར་མིག = ཤེག་ཆོས. [名] 1, 斜視; 媚眼. 2, 不甚注意.

ཀྱར་མོ 代ཀྱག, [名] 痛.(俗語)

ཀྱར་ཙམ [名] 示意; 暗示; 暗指.

ཀྱལ་མ [形] 有角.

ཀྱས = ཀྱག.

ཀྱེ 或 ཀྱེ་ཞོག, [名] 雄雞冠.

ཀྱེ་ཀ, ཀྱེའུ [名] 1, 隆起之肉; 筋肉. 2, 裝飾之墊襟.

ཀྱེ་བ [名] 珍寶.

ཀྱེ་འཁྱག [名] 獸胃; 反芻獸之第四胃.

ཀྱེ་འབྲུ 或 ཀྱེའུ་འབྲུ [名] 1, 花蕊; 花粉囊. 2, 石榴.

ཀྱེ་མ [名] 睫毛.

ཀྱེ་མོ 誤代ཤ་མོང, [名] 鼬; 黃鼠狼.

ཀྱེ་ཚ [名] 硝石; 火硝.

ཀྱེགས་མ [名] 1, 浪花. 2, 露珠.

青海省政府印刷局印

ཟེང་བ [動]豎起；立起.

ཟེད [名]1,刷；帚 2,邊. [形]破損.

ཟེམ [名]1,畏懼. 2,桶；挪樹桶.

ཟེར [名]光. 2,談話. 3,代 ཟེར་མོ，一種小動物.

ཟེར་བ [動]1,名為；稱為. 2,語；談；說.

ཟེར་མ = ཟེགས་མ [名]點；滴.

ཟེལ་མ [名]碎屑.

ཟོ 1,為 ཟ་བ 之命令式 2,[名]身體組織. 3,圖；繪. 3,霉.

ཟོ་ཆུན，ཟོ་འཆུན，[名]水車.

ཟོ་བ [名]桶；乳桶；水桶.

ཟོག [名]1,ཁྲམ་པ 或 རྫུ་མ 虛妄；詭詐；欺詐 2,ཚོང་ཟོག 商品；貨物.

ཟོག་པོ 或 ཟོག་མ [形]欺詐；偽；佯為.

ཟོང = ཟོག [名]貨物；商品.

ཟོན，དོགས་ཟོན [名]小心；謹慎.

ཟོམ [形]破舊；破壞；蟲蝕；用壞. [名]1,尖端；尖；頂. 2,穴；洞. 2,木桶. 盛牛乳之長木桶.

ཟོར，ཟོར་བ，[名]鐮刀.

ཟོར་ཡ [形]廣濶；廣大. [名]頌詩；聖歌.

ཟོལ [形]狡猾；詭詐.

ཟོལ་པོ [名]偽冒者；騙子.

ཟོལ་ཚ 參看འཛོལ་བ.

ཟོས 參看ཟ་བ.

ཟླ་གམ [名]半月(初八)2,僧侶之披風.

ཟླ་དུམ = ཟླ་གམ.

ཟླ་སྡུད 或 རྫོགས་ཚིག 終語詞.

ཟླ་བ [名]月；月亮；太陰.

ཟླ་བུ = ཕུག་པ [名]木星.

ཟླ་བོ = གྲོགས་པོ [名]1,幫助者；合作者. 2,友伴；朋輩. 3,夫，妻；妻. 4,幫助.

ཟླ་མེད [形]1,無匹；無敵. 2,無友；無助；孤獨.

ཟླ་མཚན [名]經期；月經.

ཟླ་འཛིན [名]月蝕.

ཟླ་ཟླ = གྲོགས་པོ.

ཟླ་ཤོལ [名]閏月.

ཟླུག་པ 或 ཟླུགས་པ [動]1,བླུགས་པ 注入；灌入.

青海省政府印刷局印

2.完成式 བསྒྲགས, 送信; 報告。

ཟླུམ་པ 或 ཟླུམ་པོ [形]圓的.

ཟློ་བ [動]召; 喊.

ཟློག་པ 完成式 ཟློགས, 未來式 བཟློག, 為 ལྡོག་པ 之他動. [動]1,使回轉; 逐回; 逐放. 2,遣往. 3,使轉變; 改變。

ཟློས == སྔགས་ཚིག [名]咒語; 妖法.

ཟློས་གར 或 ཟློད་གར [名]戲曲; 演戲; 跳舞.

གཟག་པ 參看 འཛག་པ 與 འཚག.

གཟགས་པ 1,參看 གཟབས་པ [動]放大; 增加. 2,為 འཛག་པ 之未來式及完成式.

གཟན [名]袈裟,

གཟན་པ [名]食物; 牛馬之食料; 草. [動]1,吞滅; 耗盡. 2,嚙裂; 破裂. [形] གཟན་པ 與 གཟན་པོ, 破爛.

གཟབ་པ (1)參看 གཟབས་པ (2)[形]1,留心; 謹慎有禮; 好舉止. 2,美雅; 衣服華麗.

གཟབ་མ 或 གཟབ་ཡིག [名]藏文楷字; 印書字.

གཟབས་པ 或 གཟབ་པ 命令式 གཟོབས [動] 留心；勤愼.

གཟའ [名] 1,行星；曜(即九曜) 2,曜日. 3,危險；灾禍.(指凶星)

གཟའ་ཁྱིམ [名]星宮. 行星之星座.

གཟའ་བདག = ཉི་མ [名]行星之主；太陽.

གཟའ་ནད [名]羊癲瘋.

གཟར [名] 1,鋪地之毡毯. 2,釘；鈎.

གཟར་པོ 或 ཟུག་གཟར [形]崎嶇. 峻險.

གཟར་བུ [名]木杓.

གཟལ་བ = བགས་པ [名] 1,裂縫. 2,裂開之物.
[動] 1,準備；預備. 2,揮舞；開始搖動.

གཟི [名] 1,光亮；燦爛；光明. 2,朦朧之霧；氳氣. 3,一種珍寶；瑪瑙. 头參看

གཟི་བརྗིད [名] 1,華麗；華美；光榮. 2,威光；威嚴. 3,敬重；尊敬. 4 མདངས 健康之容顏.

གཟིག [名]豹.

གཟིགས་རྟེན = འདེགས་མཆན [名]與信同送之物件；贈品.

青海省政府印刷局印

གཟིགས་པ [動] 為 མཐོང་བ 與 ལྟ་བ 之尊稱式 1.觀；觀察；看；見；注意. 2.給；允許.

གཟིགས་མོ 代 ལྟད་མོ [名] 景；景緻.

གཟིང 代 འཛིངས.

གཟིངས [名] 船；筏.

གཟིངས་སྒྲོང 代 སྒྲོན་མེ [名] 燭；燈.

གཟིམ་པ 完成式 གཟིམས, 為 ཉལ་བ 之尊稱式. [動] 睡；就寢.

གཟིར་བ = མནར [動] 受苦；受煩惱；困惑.

གཟིལ [形] 豎毛.

གཟུ་དཔང [名] 1.證據；誠實之證人. 2.中人；調停者.

གཟུ་བ = ཀ་བ [名] 1.柱. 2.椿；桿.

གཟུ་བོ [形] 誠實；正直；公正.

གཟུ་ལུམ 或 གཟུ་ལུམས [形] 頑强；強悍. [名] 1.=བབ་ཅོལ 輕率；暴躁. 2.不服從；傲慢. 3.謊；誑語.

གཟུག [名] 1.巳字之羊之第十部. 2.痛苦.(參看 ཟུག) 3.尖；峯.

གཟུག་པ [動]能忍；耐.

གཟུགས [名]1.色；形體 2.身材；身體. 3.為འཛུགས་པ之未來式.

གཟུགས་ཅན [形]有色；有形的.

གཟུགས་བརྙན [名]1.སྐུ་བརྙན，像；偶像. 2.影；反射.

གཟུགས་པ 參看འཛུགས་པ.

གཟུགས་ཐུ [名]比喻；直喻.

གཟུགས་མ [名]美麗；文雅.

གཟུགས་མེད [名]1.無色；無形的. 2.空的；精神的.

གཟུགས་མོ [名]一種羚羊.

གཟུང 為འཛིན་པ之未來式.

གཟུངས [名]1.總持；陀羅尼. 2.咒術；秘法.

གཟུངས་ཟད [形]衰弱；傷元氣.

གཟུངས་སྔགས [名]陀羅尼；咒.

གཟུངས་ཐག [名]五色線所結之繩，繫于金鋼(རྡོ་རྗེ)上者.

青海省政府印刷局印

གཟུད་པ 為 འཛུད་པ 之未來式.

གཟུམ་པ 參看 འཛུམ་པ.

གཟུར་བ 為 འཛུར་བ 之未來式.

གཟུར་གནས [名]證據；証人.

གཟེ་བ [名]住所；巢. [形]迅速.

གཟེ་མ [名]蒺藜.

གཟེ་ཟུ 代 གཟེར་ཟུ， [名]小釘.

གཟེ་རེ [形]減縮；使弱.

གཟེག 或 གཟེགས = ཉག་མ [名]微粒；微分子.

གཟེངས་པ 或 གཟེངས་མཐོ་བ， [形]1.高；高危. 2.莊嚴；廣濶.

གཟེད་པ [動]1.携帶. 2.貫穿；刺穿.(如釘上或椿上)

གཟེད་མ， གཟེབ་མ， གཟེབས [名]小柳條籃.

གཟེབ [名]1.帳幕 2.籠；養鳥房.

གཟེམ་པ = འཛེམ་པ， [動]作事溫和.

གཟེར [名]釘.

གཟེར་བ [動]1.穿入；擊入. 2.感覺痛苦；受苦.

གཟེར་བུ = གཟེར་ཚུང [名]小釘；尖頭短釘.

གཟེར་མ = ཆ་ཕྲ་མོ། [名]微分子.

གཟོ་བ [名]報；報恩.

གཟོང 或 གཟོང་བུ [名]鑿子；打釘具.

གཟོད [形]最先；最初. [副]此刻；此時.

གཟོན་པ [動]注意；傾聽.

གཟོབ་པ [形]1,敏捷. 2,銳利. 3,聰智；巧妙.

བཟང [名]1,香藥物. 2,གླང，牛. 3,佳美之物.

བཟང་པོ [形]佳美；善；妙.

བཟང་བ [形]好；善.

བཟང་མོ [名]貴婦；善女.

བཟང་བཙོན 參看 བཙོན.

བཟངས། ཁང་བཟངས། [名]1,有樓之屋；龕. 2,塔之立方部.

བཟད་པ 代 བཟོད་པ.

བཟན 代 ཟན [名]動物之食料.

བཟབ་པ 參看 གཟབ་པ.

བཟབས་པ [名]與[形]豐富；豐多.

བཟའ [動]為ཟ་བ之未來式. [名]1,吃飯者；家中之入口. 2,妻室; 妃.

བཟའ་བ = ཟས [名]食物.

བཟའ་མི 1,有家眷之家主. 2,夫婦; 伉儷.

བཟའ་ཚང = བཟའ་མི, [名]夫妻.

བཟའ་ཚོད [名]咖喱醬; 調味品.

བཟའ་ཤིང [名]果樹.

བཟར་སྦྲུག [名]一種蜜蜂.

བཟར་བ 參看 འཛེར.

བཟར་ཐུ [名]杓; 匙.

བཟས་པ 參看 ཟ་བ 與 གཟས་པ.

བཟི་བ [形]酩酊; 醉; 昏迷.

བཟུང་བ 為 འཛིན་པ 之完成式. [動]執; 捉; 取.

བཟུར་བ 1,參看 འཛུར་བ. 2, ལས་ཀ་སྒྲོལ་བ.

བཟེ་རེ, བཟེ [名]痛苦; 癖氣.

བཟེད 1,[名]盤; 鉢. 2,為 འཛེད་པ 之未來式.

བཟེད་ཞལ [名]痰盂.

བཟོ = ལས [名]1,工作; 事務. 2,交易. 3,手工; 工藝.

བཟོ་བ 完成式 བཟོས [動]製造; 做.

བཟོ་བོ [名] 製造者；工人.

བཟོད་པ [動] 1.忍；忍受. 2.抵抗. 3.恕；宥赦. 4.堅忍；不變.

བཟོད་བསྲུན [名] 能以忍恕修煉其身者.

བཟོབ་པ [名] 1.專心；勤奮. 2.參看 གཟོབ.

བཟོམ་པ 或 ཆུ་བཟོམ, [名] 便移動之水桶.

བཟོས་སྐོ [名] 1.=བཀུར་བཟོས,頌揚；敬重. 2.利益；獲得物.

བཟོས་པ [形] 飼養. [名] 食下之物.

བཟླ་བ 參看 ཟློ་བ.

བཟླས [動] 唸；誦.

བཟླུགས་པ = ཞུས་པ 或 དྲིས་པ [動] 詢；問.

བཟླུམ་པ [形] 使成圓形. 參看

བཟླུམས = བསྒྲུམས.

བཟློ་བ = ཟླ་བ. 參看 ཟློ་བ.

བཟློག་པ [名] 反面；相反之物.

བཟློས 參看 ཟློ་བ.

青海省政府印刷局印

藏漢辭典 下冊

འ

འ 此字為代表ང聲音之字，故 འ་ནག = ང་ནག.

འ་ན = འོ་ན.

འ་མ [副] 但；尚；更.

འ་ཙར [名] 雜聲；嘈雜.

འང 同 ཡང，ཡང 名為 ཚིག་རྒྱན，用於添後字འ之後. [副] 1. 雖然；雖則. 2. 亦；又.

འན་ཐུ = ངན་ཐུ.

འབ་པ [動] 吠；狺狺.

འམ [副] 或；他；另；即.

འར་པ [形] 命運；天數.

འར་པོ [形] འར་ཅན，發怒.

འར་འར 參看 ཨུར་ཨུར，或 ཨུར་སྒྲ.

འལ་འོལ = ཆལ་ཆོལ [形] 混雜；散漫；無規則.

ཨུ་ཅག [代] ངེད་ཚོ 我們. 2. 烟囱.

ཨུ་ཐུག = ཐབས་ཟད [形] 1. 無接濟；無助. 2. 患病.

[名] 窮乏者.

ཨུ་རྡུམ [形] 鈍；缺邊. [名] 1. 禿頭. 2. 無鬚之臉.

ཨུ་བྲུ 或 ཨུ་སྤྲུ་ཅག = ཨུ་ཅག.

ཨུ་ཇ [名]一種茶.

ཨུ་ལག [名]差役;驛站或政府中之强迫服役;徭役.

ཨུ་སུ [名]芫荽子.

ཨུག་པ [名]1,梟;貓頭鷹. 2,代 ཡུག་པོ 燕麥.

ཨུག་སིངས 參看 སིངས་པོ.

ཨུང 俗語中 = འདི.

ཨུད [形]大言;揚聲;矜誇;傲慢. [名] ཡུད 頃刻.

ཨུབ་པ = འཐུ་བ [動]蒐集;掘攏於手.

ཨུམ་བུ 或 ཨོམ་བུ [名]垂絲柳林.

ཨུར [名]聲音;長而不銳之聲;嗡嗡聲.

ཨུར་བ [名] ཕྱུར་བ, 嗡嗡之蟲;甲蟲. [動]喋喋;吵雜.

ཨོ [名]吻. ཨོ་བྱེད་པ,接吻. [代]1,我們. 2,此;這箇. [歎]吁;哦.

ཨོ་སྐོལ = ང་ཅག [代]我們;吾人.

ཨོ་བརྒྱལ [名]1,疲倦. 2,困惑;困難.

ཨོ་སྲིག [名]1,酸乳酪. 2,樺樹.

༧༥

青海省政府印刷局印

འོ་དོད [名] 悲啼；哀號；呼籲.

འོ་ན [副] 然則；是則；那末.

འོ་མ [名] 乳；牛乳.

འོ་མཚོ [名] 乳湖. [借喻] 誠心.

འོ་ཧོ 與 བྱེད་པ 連用[動] 笑；嘲笑.

འོ་ཡོ [名] 小犬；哈巴狗.

འོ་ལགས [名] 陳述之領袖或代表. [副] 然，先生；適如此.

འོ་སེ [名] 桑樹.

འོག [名] 1. 下；下面. 2. 下部之物.

འོག་གྲབ [名] 即刻之準備.

འོག་ཏེ [名] 鐵砧.

འོག་མ [名] 下；下面. [形] 末尾者；後者.

འོག་གཞི [名] 下層；地基.

འོག་ཕལ [名] 鳥膝.

འོང་བ [動] 1. 完成式 འོངས，命令式 ཤོག 來；至. 2. 適合；可行；可以. 3. 與動詞合併時，表示未來.

འོངས་པ 1. [名] 降臨；到. 2. 參看 འོང་བ.

འོད [名] 光；光亮；閃光.

འོད་ལྡན [名]有光者；太陽. 2,好色者；多情者.

འོད་ཟེར [名]光線.

འོད་སྲུང [名]迦葉；迦葉波佛.

འོད་མ [名]竹.

འོན 1,[名]小量. 2,འོ་ན 或 འོན་ཏེ.

འོན་ཀྱང [副]雖然；尚；仍；但.

འོན་ཏང = འོན་ཀྱང.

འོན་པ [形]聾；[動]變聾.

འོན་སངས = འོན་སོང [名]偵探；探子.

འོན་སོང [名]注意；看守；偵察.

འོབ 或 འོབས [名]溝渠；坑.

འོབས [名]熊類之野獸.(面白,身如火)

འོམ་བུ 或 ཨུམ་བུ [名]柳；垂柳.

八○ འོར [名]1,水腫；水疱. 2,漩渦；漩流.

འོར་འགའ [副]1,稀罕；不常；間或. 2,རེས་འགའ.
某；或.

འོར་བ = སྤོར་བ, [名]遷移；徙.

འོལ [名]1,麻. 2,金花菜. 3,零陵香草類.

青海省政府印刷局印

འོལ་མདུད = ཨོལ་མདུད, [名] 喉頭.

འོལ་བ [名] 鴿.

འོལ་སྤྱི = རགས་ཙམ.

འོལ་མོ [名] 1,拜物教之一天堂名. 2,西藏一地名.

འོལ་ཚོད [名] 猜度; 猜擬.

འོས་པ, འོས = འགྲིགས་པ [形] 1,合適; 合宜. 2,正當; 應理; 合法. 3,有價值.

འོས་འཚམས, སྤྱིག་ཙམ, [形] 極合; 適合.

ཡ

ཡ [名]同等之人；同輩；匹敵；配對. 2, 單；一對中之一；一隻. [副]上；高；在上.(與མ相反)

ཡ་གྱལ [形]＝གཅིག་པུ或རྐྱང་རྐྱང, 單獨；孤獨；僅一.

ཡ་ང或ཡ་ང་བ [名]痛苦；驚惶；危險. 2, 懺悔；後悔.

ཡ་ཏི [名] དཀྱིལ་འཁོར 曼荼羅.

ཡ་ཏོག [名] 1, 塔. 2, 市場.

ཡ་བཏགས [名] 添足字

ཡ་ཐོད [名]額之上部.

ཡ་མཐའ [名]起始；初期；上邊.

ཡ་གདུང [名]心靈上之痛苦.

ཡ་ལོ [名] 1, ཁྲིམ་ཟླ 敵方；對手.(指訴訟) 2, 屠夫；行刑者.

ཡ་བྲལ [副]孤獨；分離. 2, 非並行.

ཡ་མེད [形]孤獨；單一.

ཡ་མཚན [形]奇異；希有；驚奇. [名]奇蹟；奇事；好奇心.

青海省政府印刷局印

ཡ་སྨྲད 與 འདེབས་པ 同用 [動] 投以權。

ཡ་ཡོ [形] 俗語中＝འཁྱོག་པོ 或 ཡོ་ལོ་པོ 彎曲的；斜的。

ཡ་རབས [名] 上流；上等人。

ཡ་ལད [名] 胸甲與鎧；盔甲。

ཡ་ཤ＝ཞེ་ས [名] 敬重。

ཡ་ཤེར [名] 一種花色上緞。

ཡག་པ [名] 鶴嘴鋤；鋤。

ཡག་པོ 俗語中代 བཟང་པོ [形] 佳；美；善。

ཡགས [名] 安慰之禮物；贈革黜者之禮物。

ཡང [副] 1＝མོད་ཀྱི 但；然。2，再；又。3，用于句首則義為"復次"；另外；於是。4，參看 འང，與 ཀྱང，
འང 同，用于添後字 ད，ན，མ，འ，ར，ལ 之後。

ཡང་དཀར [名] 粉白水。

ཡང་སྔོས [副] 特別；特殊；尤其。

ཡང་ཅོར＝ཡང་ཏིག [副] 果然；確是。

ཡང་འཇུག [名] 重添後字，有二字，即 ད 用于添後字 ན，ར，ལ 之後；ས 用于添後字 ག，ང，བ，མ 之後。

ཡང་དག 或 ཡང་དག་པ，[形]正；實在；真實. [副]實在的；確然；無疑.

ཡང་ན [連]或；抑或；再者.

ཡང་བོ ＝ ཡང་བ.

ཡང་བ [形]與[名]輕.

ཡང་ཚ [名]曾孫.

ཡང་ཡང [副] ＝ ཡང་དང་ཡང་དུ，反覆；再三.

ཡང་སོས [名]等活.(第一熱地獄)

ཡང་སློབ [名]徒孫；弟子的弟子.

ཡངས་པ [形]廣濶；廣大.

ཡན [名]上；在上；在上之物.

ཡན་ཆད 或 ཡན་ཆོད [副]以上；以前.

ཡན་པ [名] གཞན་པ 另一；別一. [名] 1,無主；自由的(指石，空氣等) 2,未耕種；荒蕪.

ཡན་ལག [名]1,支分；肢體. 2,附加物；補助. 3,章；部；附錄；補遺 4,支流；樹枝.(借喻)

ཡབ [名]1,(與ཡ同) 父親. 2,秘教中，菩薩抱與懷中之女人.

ཡབ་གཞི=ཕ་གཞི [名]遺產.

ཡབ་པ 或 གཡབ་པ [動]1,鎖閉;密藏;使安全. 2,搧,前後搖動. 3,撇去.(液體面上之物)

ཡབ་མོ 或 གཡབ་མོ [名]1,搖動;搧動. 2,扇;風扇;搖動之物.

ཡམ་མེ་བ 俗語 འཚམ་པ, ཧ་ལམ [形]和平;中庸. [副]草率;粗糙;粗鄙.

ཡམ་ཡོམ [形]作事無定;無主張.

ཡམས 或 ཡམས་ནད [名]傳染病.

ཡར (與མར相反) [副]上;在上;高.

ཡར་བ=འཐོར་བ [動]1,散布;分散. 2,散布;漂泊.

ཡར་མ [名]不能生育之雜種牛.

ཡལ་ག [名]枝;樹枝.

ཡལ་བ [形]1,減少;減去;降低. 2,不見形跡.隱匿. [動]1,退縮;減除;2,換置.

ཡལ་ཡོལ [形]忽畧;不留心.

ཡས [形]1,=མེད或བྲལ無有;少於. 2,從上面.

ཡས་འཇབ [名]一種棕色或紅色皮革.

ཡི 混合字中有時代ཡིད，如：ཡི་དམ，ཡི་རང等。

ཡི་ག＝དང་ག [名]嗜欲；口味。

ཡི་གེ [名]1,字；字母. 2,記錄；書信；文件.

ཡི་ཆད [名]灰心.

ཡི་དྭགས [名]餓鬼.

ཡི་དམ [名]1,保護神. 2,誓誡約.

ཡི་རང་བ＝དགའ་བ，[名]喜悅；高興.

ཡིག 混和字中代ཡི་གེ [名]1,信札；書啟. 2,字；婷；

ཡིག་བསྐུར [名]書札.

ཡིག་ཆ [名]記錄；筆記.

ཡིད [名]意；心；心靈；智慧.

ཡིད་ཆེས་པ [動]相信；信任. [名]信抑；信託；信心.

ཡིད་བརྟན [名]信任；信託.

ཡིད་འཕྲོག [形]極美；媚.

ཡིད་གཞུང＝རྣམ་རྟོག，[名]幻想；空想.

ཡིད་གཞུང [形]1,慎察；有悟性, 2,誠實；正直.

ཡིད་འོང或ཡིད་དུ་འོང་བ [形]1,美麗；迷魂；可悅；適意.

ཡིན [動]是；有；存；實在；屬；係；為.

青海省政府印刷局印

ཡིབ [名]簷；隱所.

ཡིབ་པ [動]匿藏；隱匿；躲.

ཡིབ་ཤིང [名]椅.

ཡུ [助]到最高度.

ཡུ་ག 或ཡུ་ཁ [名]燕麥.

ཡུ་བ [名]1,སྲོག་ཤིང,生命樹. 2,棍；柄；靮.

ཡུ་བོ [名]無角之牛.

ཡུ་མ 或ཡུར་མ [名]野草；秕莠.

ཡུག [名]1,疋；一段布或衣料. 2,代ཡུད་པ.

ཡུག་པ = རྐང་པ [名]腿與腳.

ཡུགས 1,[動]=བྱུགས,塗沫；擦油. 2,有時代ཡུགས་པོ.

ཡུགས་པོ [名]鰥夫. ཡུགས་མོ寡婦.

ཡུང་བ [名]薑黃.

ཡུང་མ = ཉུང་མ [名]蕪青.

ཡུངས་དཀར [名]白芥子；ཡུངས་ནག黑芥子.

ཡུམ [名]1,=མ母親. 2,后；妃. 3,大般若經.

ཡུམ་པ [動]撒播.(如撒于食物中,用於藏西).

ཡུར་བ [動]灌溉；開河. [名]溝渠；水道.

ཡུར་མ [名]耘莠；雜草.

ཡུལ [名]1,地方；境；鄉村. 2,範圍；界限；區域.

ཡུལ་འཁོར [名]國；省；國土.

ཡུལ་གྲུ [名]鄉；村；鎮.

ཡུལ་ལྗོངས [名]城池；都邑.

ཡུལ་སྡེ [名]1,縣；村鎮；村落.

ཡུས [名]1,矜誇；傲慢. 2,欣喜；熱忱. 3,控告；訴訟；誣告.

ཡེ [副]1,自初；自永遠. 2,完全；總共. 3,十分.

ཡེའི＝ངའི.

ཡེ་རེ＝ལན་གཅིག [副]以前；一次；嘗.

ཡེ་ཤེས [名]智；聖智.

ཡེགས་པ [形]蓬鬆；散髮；有毛.

ཡེང་ཡེང [形]排列適當.

ཡེང་བ＝གཡེང་བ

ཡེད་པོ代ཡག་པོ.

ཡེན [副]寬裕；豐富.

ཡེར་བ [名]一種舉掌向天之敬神姿勢.

ཡེར་བ [形]未睡. [動] འཐོར་བ, 灑; 噴.

ཡེར་རེ 或 ཡེར་རེ་བ [形]純潔; 未雜他物.

ཡིལ་ཡིལ = ཡེར་ཡང [形]清潔; 光明.

ཡོ་བ [形]與[名] 1,歪; 斜; 彎曲; 傾斜. 2,狡猾; 背正道.

ཡོ་བྱད [名]動產; 家具; 資具.

ཡོག 代 འོག [副]在下.

ཡོག་ཏྲུས [名]各種果實.

ཡོག་པོ 或 ཡོག་ཤིང [名]通火棍.

ཡོང [名]出產; 生產; 收入.

ཡོང་བ [形]1,適可; 可以. 2,能忍耐. 3,能; 有本[illegible]足够. [動]=འོང་བ.

ཡོང་ཡེ=ངེས་པར[副]一定; 確然.

ཡོངས [形]總共; 全; 皆.

ཡོངས་གྲུབ 代 ཡོངས་སུ་གྲུབ་པ [形]成功; 圓成; 完全. [名]圓成; 獨立; 究全.

ཡོངས་སུ [副]全; 總共; 普遍; 全體; 極.

ཡོད [名]1,凡存在之物; 生存. 2,物質; 物體.

ཡོད་པ [動] 1,有；所有. 2,是；在；存在.

ཡོན [名] 施於僧侶之物.

ཡོན་ཆབ [名] 祀神之淨水.

ཡོན་ཏན [名] 1,功德. 2,學識；才能. 3,成功；圓滿. 4,品質. 5,效力；價值.

ཡོན་བདག [名] 施主；請作法事之家主.

ཡོན་པོ [形] 不直；彎曲.

ཡོབ=ཆོབ [名] 1,སྒོའི་ཡོབ,門戶之台基. 2,鞍之鐙.

ཡོབ་པ 參看 གཡོབ་པ.

ཡོབ་ཡོབ [副] 搖擺.

ཡམ་པ [名] 搖擺；顫動；搖動.

ཡོར་པོ 或 ཡོར་ཡོར་བ, [形] 1,顫動；搖擺. 2,歪；斜.

ཡོར་ཤིང=འོམ་བུ [名] 垂柳.

༡༩ ཡལ་ཀ 或 ཡལ་མ [名] 1,寶石或金屬之杯盤. 2,陶器；瓦器.

ཡལ་བ [名] 寬；慢；[動] 已過；已完.

ཡོས [名] 1,烘焙之穀；炒麥. 2,ཡོས་བུ 卯；兔.

གཡག [名] 犛牛. འབྲི་མོ 牝犛牛.

青海省政府印刷局印

གཡང [名] 1,幸福；快樂；興隆。2,深淵；坑。

གཡང་བ [名] 牛腳；牛蹄。

གཡང་གཞི [名] 1,整羚羊皮。(喇嘛坐者) 2,皮褟；遮蓋物。

གཡང་རོང [名] 深谷旁之絕壁。

གཡང་ལུགས [名] 外套；大衫。

གཡང་ས [名] 1,深穴。2,絕壁。

གཡན་པ [名] 一種發癢之皮膚病。

གཡབ་པ [動] 完成式 གཡབས，招呼；作手勢；以記號通知。[名] 1,屋頂之突出部。2,扇。

གཡབ་མོ [名] 作手勢招呼。

གཡམ = ཞར。

གཡམ་པ [名] 石片；石板；蓋屋之石瓦。

གཡའ [名] 銹。

གཡའ་ཐིག [名] 1,鉛筆畫於石板上之線。

གཡའ་བ [名] 1,戰慄；發抖。2,癢。

གཡའ་སྨྱུག [名] 鉛筆；石筆。

གཡའ་ཤིང [名] 楓樹。

གཡར [名] 口；面；前部.

གཡར་པོ [名] 所借之物；借；借款. 2,賒帳.

གཡར་བ [動] 借；租；佃.

གཡལ [名] 呵欠.

གཡས་པ [名] 右；右邊.

གཡི=དབྱི [名] 西藏大野貓；猞猁猻.

གཡིགས [名]或[動] 噎氣.

གཡིད་སྟོན [名] 1,次覺. 2,次香味.

གཡུ [名] 松石；碧玉；璁玉.

གཡུག་པ [動] 揮；舞(手)

གཡུང=མཛོ་གཡུང [名] 犛牛與牝黃牛所產之雜種牛

གཡུང་དྲུང [名] 卐字.

གཡུང་པོ [名] 印度之下等階級. གཡུང་མོ 下等階級之女人.

གཡུང་བ [動] 放逐；拋棄. [名] 醜而討厭之婦人；面無人色者. [形] 馴服.

གཡུར 或 ཡུར=གཉིད, [名] 睡眠.

གཡུར་ཟ 或 གཡུར་ཟ་བ, [名] 1,花果纍纍之樹. 2,依賴

青海省政府印刷局印

支持.

གཡུལ [名]戰事；戰爭.

གཡུལ་ཁ [名]1.打禾場. 2.戰爭.

གཡུལ་བ [動]宣戰；閙杖.

གཡེང་བ [動]1.搖擺；漂浮；搖惑. 2.氾濫. 3.散亂；心中擾亂. [名]1.消遣之事；快樂. 2.重造. 3.笑語；戲弄.

གཡེན [動]誹謗.

གཡེམ་པ 或 ལོག་གཡེམ [名]淫亂；苟合.

གཡེར་ཁ [名]哈叭狗頸上所繫之鈴.

གཡེར་པོ [名]精通者；專門家. [形]1.聰明；智慧. 2.謹慎.

གཡེར་བ, གཡེར་པ參看གཡེལ་བ [名]1.濫情；奢欲. 2.品行不端；劣行.

གཡེར་བག = སྣང་གཡེར་ཅན [名]光；發光體.

གཡེར་མ [名]花椒.

གཡེལ [名]1.睡；眠. 2.懈怠；怠惰.

གཡེལ་བ [形]懶慢；怠惰.

གཡིལ་མ＝འཕྱོན་མ [名]娼妓.

གཡོ 或 གཡོ་སྒྱུ [名]欺騙；詭譎.

གཡོ་བ，完成式 གཡོས [動]搖動；不定；移動；遣移.

གཡོ་བྱེད，[名]震動者；風.

གཡོག [名]1，事務；工作；職務. 2，གཡོག་པོ，男僕；傭人.

གཡོག་པ 完成式 གཡོགས [動]1，覆蓋. 2，傾出.

གཡོགས [名]覆蓋之物.

གཡོད [名]大腸.

གཡོན [名]左；左邊.

གཡོན་མ [名]1，左手. 2，婦人.

གཡོན་ལམ [名]1，壞道；2，惡行.

གཡོབ་པ 完成式 གཡོབས，[動]搖擺；震動.

གཡོམ་ཐོག [名]有石級之建築；祭壇之階級.

གཡོར [名]1，堆. 2，詭計；巧計.

གཡོར་བ 1，參看 གཡུར་བ. 2，參看 གཡར་བ. 3，參看 ཡོར.

གཡོར་མ [名]航。

གཡོར་ཡོལ [名]風帳.

གཡོལ་བ 參看 ཡོལ.

青海省政府印刷局印

གཡོས 〔名〕1,在 གཡོས་སྐོར་བ 中代 གཡས,由左右向環行;右繞. 2,煮食;煮熟之食物. 〔則〕參看 གཡོ་བ.

ར

ར [名] 山羊. ར་ཕོ, 牝山羊.

ར་གན = རག [名] 黃銅.

ར་སྒོག [名] 一種大蒜.

ར་ཆོད = ཐག་ཆོད [名] 事件之解決；適當之布置.

ར་བཏགས [名] 添足字

ར་མདའ [名] 1, = ཟླ 或 གྲོགས 朋友；伴侶；幫助者. 2, 幫助；援助. [形] 追趕；追逐.

ར་འདུ [名] 一種礦石.

ར་སྙིང [名] 垂絲柳.

ར་སྦྲུ [名] 1, 一種藥草. 2, = སྒོམ་ཤིང, 樅樹.

ར་བ = ལྕགས་རི [名] 1, 圍繞樹根之水窪. 2, 籬；牆. 3, 籬牆圍之地.

ར་མ [名] 1, 山羊；母山羊. 2, 雜物；混合之物.

ར་མོ་ཤ [名] 大黃蜂.

ར་རི [名] 過失；污穢與受辱. [形] 不高不低.

ར་རེས = རེས་མོ [副] 依次；輪流.

ར་རོ [名] 與 [形] 醉；酩酊.

青海省政府印刷局印

ར་ས། [名]為拉薩之古稱.

ར་སྒྲུག [名]劉寄奴(藥)

རྭ [名]1,ར་ཅོ角. 2,山峯.

ར་ཚྭ [名]一種礦鹽.

རག [名]參看 ར་གན, 黃銅. [形]附屬; 服從; 依附.

རག་རྡོ [名]銅礦.

རག་པ [動](藏西代 རེག་པ)觸;覺. [形]黑褐色;棕黃色.

རག་ཚི [名]果核.

རགས [名]水閘; 堤; 壩.

རག་ལས 或 རག་ལས་པ[動]隨; 為轉依.

རགས་པ[形]1,粗; 粗糙; 不精. 2,少; 短.

རང [代]自己; 我們自己. [副]恰合; 正是; 即是.

རང་རྒྱལ [名]固執; 頑強.

རང་རྒྱུད [名]個性; 性癖.

རང་འཐག [名]水磨.

རང་མཐོང [名]驕傲; 自滿; 自負.

རང་དོན [名]1,自己的事務; 2,自利; 自己的利益.

རང་འདོད 參看 རང་སྤྱོས [名]自私; 依私欲行事

རང་པོ [名]未婚之男子；鰥.

རང་བ 完成式 རངས ＝ དགའ་བ [形]或[動]喜悅；快樂

རང་བབས [名]自己的遭遇.

རང་བུ [形]單獨；僅一. [名]1,孤獨之生活；2,己之小孩

རང་ཕྱས ＝ རང་དོན [名]己之利益.

རང་དབང [名]自由；獨立.

རང་མོ [名] མོ་རང, 獨身女子；不嫁之婦女.

རང་སྙེམས [名]自滿；私見；成見.

རང་ཚུགས ＝ རང་སྐྱབ, [名]能單獨作事者.

རང་བཞིན [名]1,自性；自然. 2,天性；性質；本性；物性

རང་བཟོ [名]1,杜造. 2,改革；革新. 3,改革者. 4,自決；果斷.

རང་རེ [形]每；各. [代]我們；自己們.

༡༩༣ རང་གཤིས ＝ རང་བཞིན 俗語中 སྤྱོད་དག.

རང་ས 或 རང་སོ [名]自己的地位.

རང་སངས་རྒྱས [名]獨覺；辟支佛.

རངས་པ [名]狂喜；大喜.

རངས་པོ [形]1, ཚང་མ,全；總；皆. 2,粗；鬆；無光澤.

青海省政府印刷局印

རད་ཡ 藏西代 བཀྲད.

རད་རོད 參看 རོད་ཡོ [名]或[形]高低不平；不平之地.

རན=རྩྭ 草名.

རན་པ, རན་མ [形]1,恰合；適當；適合時間. 2,平行；齊等. [名]時間；機會. [動]到；至.

རབ [名]可徒涉之處；淺水. [形]=མཆོག 1,最高；最佳；超羣；優越；上等. 2,純潔. 3,極多；豐富.

རབ་ཏུ [副]極；頗；甚；十分；完全.

རབ་མཐོ [名]一種滅癬之藥.

རབ་བྱེད [名]論說；誌記.

རབ་བྱུང, རབ་ཏུ་བྱུང་བ, [名]出家.

རབ་འབྱམས [名]淵博；博學.

རབ་འབྱོར [名]須菩提；善現.(佛之弟子)

རབ་མང [形]許多；極多.

རབ་འཛག=གཅིན [名]尿；小便.

རབ་ཞི [名]1,極安；十分和平. 2,天堂. 3,至善.

རབ་འོག [形]次品；次值.

རབ་རིབ，ཧྲབ་ཧྲབ，[名] 翳；霧；朦朧；昏暗；微弱之光．

རབས [名] 1，類；族．2，宗系；支派；世；代．

རམ་པ [名] 茅根；茅草．

རམ་ཉུ [名] 歌；三音或三音以上之歌．

རམ་ཚོས [名] 1，靛青；深藍．2，藍．(植物)

རམ་གྲིས ＝སྣམ་བུམ．

རམས [名] སྔོ་ཚོས靛；靛青．

རལ [名] 隙；裂縫．

རལ་ཀ 參看རལ་གུ，

རལ་ཀླུང [名] 恒河．

རལ་ག ＝ཡལ་ག．

རལ་གུ [名] 1，飾品；珍寶等(飾于頭者)．2，(རལ之指小詞)小孔；裂隙．

རལ་གྲི [名] 劍，寶劍．

རལ་གཅོད [名] 好事者；干涉人事者．

རལ་ལྕང [名] 1，垂柳．2，生小孩時所植之柳．

རལ་པ [名] 1，辮；辮髮；髮結．2，鬃．

青海省政府印刷局印

རལ་བ＝དྲལ་བ 與 བྲལ་བ,[動]撕開; 裂開. [名]裂縫;撕裂之物.

རས [名]布; 棉布.

རས་པ [名]僅着布衣者; 苦行者.

རས་རོས [名]各種器具.

རི [名]1,རི་བོ 山; 小山; 山脈. 2,藷.

རི་སྐྱིད＝ཤེལ [名]晶.

རི་སྐྲུགས 參看 སྐྲུགས.

རི་ཁྲོད [名]1,山脈; 羣山. 2,洞府; 山中隱士之洞穴.

རི་རྒྱལ [名]山王; 岡底斯山; 須彌山.

རི་སྒོག [名]山蒜; 野蒜.

རི་དྭགས [名]野獸; 獸. རི་དྭགས་པ 獵人.

རིན [名]價值; 價格. [動]估價.

རི་བོ＝རི.

རི་བོང [名]兔子.

རི་འབོག [名]小山; 橫嶺.

རི་ཚིག＝བདེན་ཚིག [名]真實; 誠信.

རི་ཞུམ [名]野貓.

རི་ཞོལ 【名】山之下帶.

རི་མིག 或 རིས་མིག 【名】格子；方格.

རི་མོ 【名】1.圖畫；圖樣；粗繪. 2.條紋；線；有界線之形.

རི་རབ 【名】山王；蘇迷盧山.

རི་སྲིབ 或 སྲིབ་རི 【名】山陰.

རི་ཤ 【名】一種藥材.

རིག་གནས 【名】明處；科學；學科.

རིག་པ 【動】1.知；曉；悟. 2.辨別；認識. 【名】知慧；才能；明；知識.

རིག་བྱེད 【形】藝成；完全. 【名】1.獲得之知識. 2.教授. 3.教學書. 4.吠陀；婆羅門之四聖書

རིག་འཛིན 【名】1.通科學者. 2.聰慧者.

རིག་རིག 【動】旋目注視；瞠目.

རིགས 【名】1.རྒྱས,栽培；撫養. 2.族姓；精神之傳續. 3.血統；親屬；族；類. 4.習慣；慣例.

རིགས་བརྒྱུད 【名】血族；血統；家系；家世.

རིགས་པ 【形】1.必須. 2.恰合；適合；適宜；應理.

3.能；可能.

རིགས་བརྒྱུད [名]血統；世系；子嗣.

རིང་གག [名]僧尼所着之背心.

རིང་ཐུང [名]1.長短；長度. 2.有關係.

རིང་པོ＝རིང་བ.

རིང་བ [形]長；久；遠.

རིང་ལུགས [名]1.教義. 2.黨；教派. 3.舊習慣.

རིང་བསྲེལ [名]舍利；佛體之遺物.

རིང་ལྷུ＝ཕྲེལ་མེད [形]獨一；簡單；孤單. [名]散文.

རིངས། རིངས་པ [副]急忙；迅速.

རིད་པ [名]དོས་ངན腐爛之物. [形]消瘦；憔悴.

རིན [名]價值；價格.

རིན་ཆེན [名]寶；珍寶；黃金；財.

རིན་ཐང [名]價值；價格.

རིན་པོ་ཆེ [名]1.珍寶；寶貴. 2.對於大喇嘛及偉人之尊稱.

རིན་དི [形]惡；劣. [名]毛瑟槍彈.

རིབ 為སྐྱིབ之俗語＝ཡུད་ཙམ [名]須臾；頃刻；短時間.

རིབ་མ [名] 籬 ; 圍牆.

རིམ་གྲོ [名] 1,每日或每月之祭祀 ; 2,虔敬 ; 敬仰.

རིམ་པ [名] 1,次序 ; 繼續 ; 次第. 2,重摺之部. 3,方法 ; 規則. 4,程序 ; 階級 ; 5,倍.

རིམས 或 རིམས་ནད [名] 傳染病 ; 瘟疫.

རིལ 或 རིལ་པོ [形] 全部 ; 全體 ; 囫圇. [名] 1,球. 2,羊, 鼠, 兔等之糞.

རིལ་ཏིང [名] 1,麥粉糰.(祀食) 2,淨水杯.

རིལ་བ [形] རིལ་མོ 圓的 ; 長圓. [名] 球 ; 丸.

རིལ་བུ [名] 小球 ; 丸.

རིས [名] 1,圖樣 ; 形狀 ; 繪畫. 2,部份 ; 區 ; 段 ; 境界. 3,黨派.

རུ [名] 1,=རྭ 角. 2,=ཆ, 部分 ; 段 ; 區分. 3,旗 ; 翼 ; 部.

རུང [名] 憎惡 ; 惡意 ; 嫉妒.

རུ་རྟ [名] 廣木香.

རུ་ཀ [名] 公羊 ; 牡羊.(藏西字)

རུ་བ [名] རེ་ཐུར 犛牛毛之黑帳幕.

རུ་མ [名] 凝結之乳 ; 酪.

青海省政府印刷局印

རུ་ཡབ [名]中藏之紅牝鹿.

རུག་གི＝ཐལ་དུ 或 ཧྲག་ཏེ [副]即刻；迅速.

རུག་གེ [形]與[副]文雅；美麗.

རུག་པ [動]彎；曲.

རུང་ཁང [名]僧侶之廚房；僧侶儲藏衣物之室.
(禮貌語)

རུང་ཆུ [名]僧侶之漱口水.

རུང་བ＝ཚགས་པ [動]適當；恰合.[形]適合；可以；可.此字亦有解為"雖然"如 ཡིན་རུང

རུད＝རྡིལ [名]1.滑跌.2.滑跌之物；崩落之塊.

རུབ་པ [動]1.衝進；攻擊.2.加入；聯合.3.閉；關.

རུབ་ཐོ [名]覆盆子.

རུམ 或 རུམས [名]1.子宮；胎.2.黑暗；昏暗.3.土爾其國.རུམ་པ,土爾其人；叙利亞.

རུལ་པོ 代 ཧྲུལ་པོ.

རུས 或 རུས་པ,[名]血統；家族；姓.

རུས་ཀང [名]骨骼.

རུས་པ [名]1.骨；骨頭.2.參看 རུས.

རུས་སྦལ [名] 龜，鼈。

རུས་ཤིང [名] 1,毅力；恒心。2,懺悔。3,脊柱。

རེ [名] 每；各；單；獨。

རེ་སྐན，རེ་ཀན [副] 罕；少；未嘗；未曾；决不。

རེ་སྐོན [名] 丹參。（药）

རེ་ཁ，རི་མོ [名] 圖樣；繪畫。

རེ་འཁང [名] 冒犯；侵犯。

རེ་གུར [名] 1,羊毛帳幕。2,希望之宫。

རེ་ལྟོས [名] 1,希望。2,信任；依賴。

རེ་ལྡེ [名] 後藏之一種盾。

རེ་སྣམ [名] 毛呢；羊毛毯。

རེ་བ [名] 1,希望；希冀。2,山羊毛。[動] 希求；希冀。

རེ་མོས 或 རེས་མོས [名] 輪流；次序。

རེ་ཞིག 或 རེ་ཤིག [副] 暫時；不久；片刻。

རེག་པ [動] 1,ཐོབ་པ 或 ཕྲག་པ 到；達。2,觸；接觸。3,覺；知；辨別。

རེག་བྱ [名] 1,所觸；感覺之物。2,感覺；知覺。

རེགས་པ＝ཞེགས་པ。

རེང་བ，＝རེངས＝ཐྲེང་པོ [形] 堅；硬；殭。

རེང་བྲལ [名] 安息香. [形] 分離；不屬何物.

རེངས 參看 རེང་བ.

རེངས་པོ [形] 1,僵硬；凝結. 2,單獨；僅一.

རེད་པ [動] 是；有；存在.（此字與ཡོད་པ同義，多見於白話中，僅用於第三位.）

རེམ་རེབ [形] 濃霧籠罩；眼目之濛霧.

རེམ་པ [形] 1,謹慎；小心. 2,精壯；力大；經久；耐久.

རེམས = འཕྲུས, [動] 1,散布. 2,跪出.

རེའུ = ར་ཕྲུག, [名] 山羊羔；小山羊.

རེའུ་མིག [名] 方格；棋盤格.

རེལ་ཚར [名] 羔皮.

རེས 代文 [名] 1,交換；更迭；輪流. 2,倍；次.

རེས་འགའ [副] 間常；有時.

རེས་གཅིག [副] 昔；以前.

རེས་མོས 參看 རེ་མོས

རེས་བཟའ [名] 1,行星. 2,星期；曜日.

རེས་པོ, རེས་མོ [形] 舊；老.

རོ [名] 1,=བྲོ་བ或བཅུད 味；香味；滋味. 2,=རོ་མ,渣

滓；沉澱物；残滓. 3.身體；軀體. 4.尸體；
軀殼.

རོ་ཏི＝ར་ཏི 或 ལི་ཏི 名 鉛.

རོ་མ 名 1.提煉或榨汁液之物. 2.草.

རོ་མྱང 動 怡悅. 名 1.美味；味. 2.蜜蜂.

རོ་ཙ 名 色慾；2.肉慾之本能及本性.

རོག་པོ 形 1.黑. 2.རག་པ，棕黄；淡紅.

རོགས 俗語中代གྲོགས 名 朋友；伴侶；助伴；幫助.

རོང＝འཕྲང 名 1.深峽；羊腸道；險隘；山谷；2.山之裂隙.

རོད 名 驕慢.

རོད་པོ，ཏོད་པོ 名 གོས，衣服. 形 僵硬；堅；不能自助.

༢༨ རོམ་པོ 形 麤；壯；肥；厚；大；重大. 2.洪；麤.(声音)

རོལ 名 1.深淵；深谷. 2.犁溝；犁痕.

རོལ་རྩེད 名 遊戲.

རོལ་གནས 名 1.戲台；娛樂場. 2.樂林. 3.天上.

རོལ་པ 名 參看 རོལ་བ 動 1.＝ཀླལ. 2.受用；享受.

青海省政府印刷局印

རོལ་བ་=རྩེ་བ, བཞད་པ [動] 1,遊戲; 娛樂; 消遣; 玩笑. 2,嘗; 飲; 食. 3,=སྤྲུལ་པ་神變; 變化.

རོལ་མོ [名] 音樂; 伎樂; 樂器. རོལ་མོ་མཁན,樂師; 音樂家.

རླ 有特代རླ;

རླག་པ 或རླག=ནོར་བ, [名] 破壞; 毀滅; 傾覆.

རླངས་པ [名] 氣; 蒸氣; 水蒸氣.

རླངས་པོ=གདོལ་བ, [名] 最下階級之人民; 戎陀羅.

རླན [名] 1,濕氣; 水氣. 2,液體.

རླབ་པ 或 རླབས [動] 移開; 除去.

རླབས [名] 波浪; 大波; 波紋.

རླམ་པ 參看རློམ་པ.

རླིག་པ, གསང་རླིག [名] 睾丸.

རླིངས [形] 全部; 總; 共.

རླིད [名] 關閉之皮帶.

རླིད་བུ [形] 1,全體; 全部. 2,一塊; 一團; 一堆. [名] 整皮; 皮袋.

རླིབས་པ=རྒྱ་ཆེ་བ, [形] 廣; 大.

རླུགས་པ [形] སྦོམ་པ, 腫脹; 墜下.(如睾丸) [動] 1,使瀉; 使流出. 2,拋; 傾倒; 堆倒.

རླུང [名] 1,風; 微風. 2,氣息; 呼吸; 體中之氣.

རླུང་རྟ [名] 命運; 時運; 運氣.

རླུང་སྒྲོད=བྱ་རྒོད [名] 鷲; 鷹.

རླུང་མ [名] 風(俗語)

རླུང་གཡབ [名] 扇.

རླུང་ལྷ [名] 風神.

རླུང་གསོས (ཆུ་རླབས) [名] 波浪.

རླུང་བསྐྱུག [名] 麝.

རླུན་པོ [形] 愚笨.(指小孩)

རླབས [形] དམའ་བ 低; 下. [名] 1,藏物之窖. 2,溝; 坑; 池; 深淵.

༩༩ རླབས་པ [名] 覆蓋之物. [動] 1,覆蓋; 隱藏.

རློག་པ 完成式 བརློགས 未來式 བརླག, 命令式 རློག 或 རློགས. [動] 1,毀壞; 破壞; 毀滅. 2,不能自持; 入邪; 癲倒; 迷戀.

རློན་པ [形] 1,濕潤; 潮濕. 2,生的; 未煮的. [動] 回

苔；覆。

རློབས་པ 在 བྱིན་གྱིས་རློབས་པ 中，完成式 བརླབས，未來式 བརླབ，命令式 རློབས，[動]加持；護；賜；加被。

རློམ་པ [名] ཀམ་པ．驕慢；矜誇。[動]完成式 བརླམས 1，驕傲；誇張；矜誇。2，愛戀；黏附．3，貪求。

བརླ，བརླ་ཀང [名]大腿。

བརླག་པ [形]參看 རློག་པ 1，棄絕；捨棄。2，消滅；破壞；毀壞。

བརླང་པོ＝རྩུབ་པོ 粗；粗鄙。

བརླན་པ 為 རློན་པ 之他式＝གཤེར་བ [形]濕；潮濕。[動]＝བསྡུས་པ，蒐集；擱置。

བརླབ་པ 為 རློབས་པ 之未來式。

བརླམ་པ 為 རློམ་པ 之未來式。

བརླམས་པ＝བསྒྲོད་པ [形]戰慄。

བརླིང་པ [形] 1，優越；美。2，＝བརྟན་པ 穩固；穩定。

བརླུག་པ [形]不穩；不定。

བརླུབ་པ 參看 རླུབས，[形]以衣蓋覆。

ལ

ལ [名] 1，山；山道。2，蠟；臘燭；蠟。

ལ 此字在文法上與 སུ་རུ་ཏུ་དུ་ན་ར 同為 ལ་དོན，為表示格之記號，凡業格，為格，存格，及時間等皆有以此等表示之。其義為"向；往；在內；在上""於；在""因；由"等。

ལ་ཕོར = མགྱོགས་པ [副] 迅速；快。

ལ་རྒྱ [名] 政府對於山場之禁令。(如禁止樵獵等)

ལ་ཚ [名] 火漆；薄松香片。

ལ་ཇེ [名] 印號；痕跡。

ལ་བཏགས [名] 添足字 ལ。

ལ་སྟོང [名] 荒山；山道之荒寂處。

ལ་ཐོད [名] 頭巾；纏頭巾。

༩༠༠ ལ་ཐོ [名] 1，高山之道；高峯。2，煮而未乾之牛乳漿；酪渣。

ལ་ཕུག [名] 蘿蔔；萊菔。

ལ་བ [名] 1，氈毯；褥被。2，ལྭ་བ，一種大衫；袍。

ལ་མ [名] 一種草本植物。

青海省政府印刷局印

ལ་མྱོ [副]迅速；快.

ལ་རྫས [名]山頂上之石堆.

ལ་ཁྲུར = འཕྲལ་དུ [副]疾速；迅.

ལ་གཡོགས [名]報應；報復.

ལ་ལ = ཁ་ཅིག [形]1,有些；少許；2,一部. 3,某；或者.

ལ་སོགས 等；等等.

ལྭ་བ 或 ལ་ཝ [名]1,毛毯；毛呢. 2,呢製之衣服.

ལག [名]星座名；參宿. 2,代 ལག་པ.

ལག་པ 與 ཕྱག 同 [名]1,手；臂. 2,(借喻)掌握；權力.

ལག་རྔོང = སྤྲང་པོ [名]乞丐；窮人.

ལག་ངར [名]前腕；前臂.

ལག་ཆ [名]1,用具；器具. 2,握於手中之物.

ལག་རྗེས [名]1,手痕；2,手澤；不朽之著作.

ལག་ཉ [形]或[名]1,不與取；受物不認. 2,强佔.奪取.

ལག་རྟགས [名]1,手模. 2,普通之贈品與禮物.

ཀ་སྙིགས = ལག་ལེན.

ལག་ཕྱོག = ལག་ཡོད [名] 現金；付現金.

ལག་དམ [名] 印；章；璽. [形] ལག་དམ་མོ 吝嗇；鄙吝.

ལག་དེབ [名] 手冊；筆記簿；記錄；備忘錄.

ལག་བེད [名] 1, 茶會中倒茶於僧侶之人. 2, 庖丁；候食者.

ལག་བརྡ [名] 演手勢；招呼.

ལག་བསྐྲུམས = འཁྲིག་པ [名] 性交.

ལག་དཔོན [名] 工頭；監視者；建築者.

ལག་བེར [名] 手杖；旅行用之棍.

ལག་བྲིས [名] 1, 信札；手書. 2, 手紋.

ལག་དམར [名] 行刑者；絞人者；劊手；兇手.

ལག་རིས [名] 1, 手紋. 2, 相手紋術.

ལག་འཛིན [名] 1, 收取；收領；承認. 2, 收據；執照.

ལག་ལེན ལག་ཏུ་ལེན་པ [名] 1, 實習；實行. 2, 實用之知識.

ལག་སོར [名] 1, 手指. 2, 一口水；一握水.

ལགས [名] 閣下；足下.

ལགས་པ 為ཡིན་པ之雅稱或尊稱式, [動] 是. [形]

བཟང་པ 佳；善。

ལང་ཀ [名]錫蘭；楞伽。

ལང་བ [動]1.完成式ལངས 命令式ལོང 或ལོངས，起；起身；升起。2.完成式ལོངས到；達；抵。

ལང་ཚོ [名]少年；青年。

ལང་ལིང [形]徐徐移動；浮騰。

ལང་ལོང [形]1.疲倦；無生氣。2.閒會不依秩序。

ལང་ཧོར [名]習慣；風俗。[形]習慣；教慣。

ལད་པ [形]柔弱；無力；疲勞。2.鈍。3.腐朽；腐敗。

ལད་མོ [名]模仿。

ལན [名]1.次；回；重。2.報達；報覆；報應。3.覆語；回答。

ལན་ཀན [名]籬；圍；欄杆。

ལན་གྱུས＝ཕྱི་མི [名]外國人。

ལན་ཆགས [名]1.災難；報應；不幸。2.不幸之事。

ལན་བུ [名]辮；髮結。

ལན་ཚ 或ལན་ཛ [名]恋曇字；尼泊爾所用之字。

ལན་ཚྭ [名]鹽；鹹味。

ལན་ཡོན 或 ལན་ལྡོན [動] 回答；回覆.

ལབ་པ 完成式 ལབས 命令式 ལོབས [動] 談；說；講；
  道；謂.

ལབ་ཙེ [名] 插小旗之石堆.(保佑旅行者)

ལབ་སོན [名] 蘿蔔子；大根子.

ལམ [名] 1.道路；路程；通路. 2.行程；旅行. 3.
  道；動作之方方或態度；道.

ལམ་ཀ 或 ལམ་ཁ [名] 路中；路旁.

ལམ་འགྲོད [名] 1.旅客；旅行者. 2.先鋒.

ལམ་རྒྱགས [名] 旅行之糧食.

ལམ་མཁྱུན [名] 小販；負販.

ལམ་པ [名] 1.乞丐；乞童. 2.站於通衢之惡捕.
  3.收稅者. 4.旅客；旅行者. 5.領路之羊.

703 ལམ་པོ [名] 通衢大路；大道.

ལམ་ཡིག [名] 1.護照；通行證. 2.旅行記.

ལམ་ཤོག = ལམ་ཡིག.

ལམ་སངས, ལམ་སེང [副] 立即；即刻.

ལམ་སེ = ཅ་ལམ [副] 大約；或者.

青海省政府印刷局印

ལམ་སྲང [名]大街；巷；徑.

ལར＝སྔར་ཡང [副]以後；再；更；尚.

ལར་རྒྱ [名]風俗；習慣；聲名.

ལས [名]1.職務；事業；職業；工作. 2.作為；行動. 3.業；先業；作業. 4.此為表示從格之字，見ནས. 5.此字表示比較之義. 6.此字表示除外，義為"僅；惟""除"

ལས་ཀ [名]1.工作；勞動；勞作；事業(俗語) 2.職務；爵位；品級.

ལས་སྐལ [名]果報之命運.

ལས་ཁུངས [名]局；館；處；事務所；辦公處.

ལས་སྒོ＝ཚོང་སྒོ [名]1.貿易；商業. 2.商場；市場.

ལས་ཅན，ལས་ཀ་ཅན [形]1.勤勉；勞苦. 2.得功德；有價值.

ལས་རྟགས [名]爵；位；官銜.

ལས་པ [名]1.工人. 2.副村長.

ལས་དཔོན [名]工頭；監工者.

ལས་ཚན [名]1.任務；職務. 2.官吏；職員.

ལི [名] 1.鑄鐘之金屬；黃銅. 2.＝སླི, 蘋果；梨.

ལི་ཁྲ [名] 金銀鐵鉛之合金.

ལི་ཁྲི [名] 硃砂.

ལི་ཐྲི 為ལོ་ཐོ之誤 [名] 曆書.

ལི་བ [形] 斜視；睨.

ལི་ཤི [名] 丁香.

ལིང་ངེ＝ལིས་ལིད [形] 搖擺；顛蹶；飄浮.

ལིང་ཏོག 或 ལིང་ཐོག [名] 眼上之薄膜.

ལིང་བ [名] 全塊；整塊.

ལིང་ཚེ [名] 格子；方格.

ལིང་ལིང＝ལིང་ངེ [形] 搖擺；搖動.

ལིངས [動] 1.棄絶；捨棄；充軍. 2.狩獵；佃獵. (指多人)

ལིངས་པ [名] 獵人. [形] 圓；極圓.

ལིབ [副] 1.忽然. 2.總共.

ལུ [名] 木節；木瘤.

ལུ་གུ＝ལུག་གུ [名] 小羊；羔.

ལུ་བ [動] 吐痰；清喉. [名] 咳嗽.

青海省政府印刷局印

ལུ་མ [名] 1,沼澤中之青草. 2,滲; 多泉之地.

ལུག [名] 羊; 綿羊.

ལུག་གུ 為ལུག之指小詞. [名] 羔; 小羊.

ལུག་ཚང [名] 旱蓮草; 墨菜.

ལུག་སྐྱིད [名] 羯羊; 閹羊.

ལུག་ཐུག [名] 公羊.

ལུག་པ [名] 1,牧羊者. 2,羞怯之態度.

ལུག་མིག [名] 花名; 菊花.

ལུགས [名] 1,溶鑄; 鑄造. 2,=ཚུལ,方法; 形態; 樣式. 3,意見; 判斷. 4,習慣; 風俗; 禮儀.

ལུགས་ཀོང [名] 溶金鑵.

ལུགས་མ [名] 模鑄; 所鑄之像.

ལུགས་སྲོལ [名] 1,風俗; 習慣; 例; 慣例. 2,規則; 制度.

ལུང [名] 1,保持者. 2,彎柄; 環. 3,籃上之皮帶. 4,བཀའ་ལུང,教規; 教誡; 教令.

ལུང་བསྟན [名] 1,預言. 2,教誡; 告誡; 授記.

ལུང་པ [名] 1,地方; 縣. 2,山谷; 流域. 3,痕; 紋;

凹線．4,本國；本地．

ལུད [名]糞；糞肥；肥料.

ལུད་པ [名]痰；唾沫.

ལུམ་པ [動]報到；說已到來.

ལུམས [名]沐浴；醫病之沐浴.

ལུས, ལུས་པོ [名]1,身體；軀體. 2,體質；組織.

ལུས་ཅན [名]有軀體者；生物.

ལུས་ལྗིམ [名]孕婦.

ལུས་ལྡན＝བ或མཛོ་མོ [名]母牛；乳牛.

ལུས་པ, ལས་པ [動]遺；留；留於後；留於家.

ལུས་པོ 參看ལུས.

ལུས་ཚོད [名]軀體之大小.

ལུས་བྱད [名]身體之形狀.

ལུས་སྦས [名]身體之私處.

ལུས་མ [名]剩餘；尾數；渣滓.

ལེ་ཁག ལེ་ཚན或ལེའུ [名]章；節；編；品.

ལེ་བཀྲན 或ལེ་ཀྲན [名]1,罌粟；鴉片. 2,織料上之花樣.

青海省政府印刷局印

ལེ་ཚ [名] 1.絨毛. 2.好呢. 3.織披肩之毛.

ལེ་མ [名] 1.參看ལེའུ 2.錫金棉毛織之寬條布.

ལེ་ལག [名] 附錄；補遺.

ལེ་ལན [名] 譴責；斥罵. [動] 叱責；訶責.

ལེ་ལོ [名] 懶惰；懈怠；緩慢.

ལེགས་པ 或 ལེགས་མོ [形] 1.適用；有用；有價值；適合. 2.佳美；妙；好；善；美麗；雅緻.

ལེགས་བཤད [名] 1.妙說；嘉言；雅言. 2.箴言；道德上之教訓.

ལེགས་གསོ [名] 修理；修葺.

ལེན་པ 完成式བླངས，未來式བླང，命令式 ལོངས 或 ལོང. [動] 1.取得；受. 2.忍受；接受. 3.執；握. 4.捕；攫. 5.攜去；拿去.

ལེབ་ཀན [名] 藏紅花.

ལེབ་མོ，ལེབ་ཚེ [形] 扁；平；平坦.

ལེའུ [名] 章；節；段落.

ལོ [名] 年；年代. 2.年歲；年齡. 3.風聞；謠傳；街談. 4.嫌厭；厭惡；不願意.

ལོ་རྒྱུས=གནས་ཚུལ [名]歷史；傳記；故事.

ལོ་ཏོག, ལོ་ཐོག [名]年穀；收穫；秋收.

ལོ་ཐོ [名]曆書；月份牌.

ལོ་ཕྱུག=ལོ་ཏོག及སྟོན་ཐོག.

ལོ་འདབ, ལོ་མ, [名]葉；樹葉.

ལོ་མ 或 ལོ་འདབ [名]葉.

ལོ་ཤེས=རྩིས [名]1,貨幣之計算. 2,星術學.

ལོག་པ 為ལྡོག་པ之第二狀. [動]1,歸還原；回轉；還滅. 2,སླར 回來；再來. 3,顛倒；顛覆；跌倒. 4,背叛. [形]倒轉；逆行；背理；不法；錯誤；顛倒.

ལོག་ལྟ [名]邪見；異端；邪教.

ལོག་ཕྲང [名]亞麻布.

ལོག་སྨྲ ལོག་པར་སྨྲ་བ, [名]1,誹謗；誹謗語. 2,偽；詐.

ལོག་གཞལ [名]忘恩負義；以怨報德.

ལོག་གཡེམ [名]姦淫；通姦；苟合.

ལོག་ཤེས=ནོར་བ [名]錯誤；誤解.

ལོགས [名]1,邊；旁；面. 2,方；地方. 3,ཆེབས, 牆.

ལོགས་སྐྱུས=ནུ་མ, [名]乳房；乳頭.

ལོགས་པ [形]另；附加的.

ལོང 或ལོང་ཡ=ཁོམ་པ[名]閑暇；暇時.

ལོང་ཁ，ལོང་ཁ或ལོང་ག[名]内臟；臟腑.

ལོང་གི [名]中國之一種紅布.

ལོང་བ 為ལྡོང་བ之第二式[動]使失明.[形]與[名]瞎；盲者.

ལོང་བུ 或ལོང་བོ，[名]踝骨.

ལོང་ལོང [名]起波浪；凸出.

ལོངས 為ལང་བ之命令式.

ལོངས་སྤྱོད [名]1,獲得；藝能.2,受用；享受；喜.3,財富；財產.4,豐富.

ལོད་པ，ལོད་པོ=ལྷོད་པོ[形]1,放鬆；弛放.2,懶惰；不慎.

ལོན [名]消息；信息；新聞.

ལོན་པ [動]1,到；達；抵.2,經過.

ལོས [副]確係；誠然.[形]確實；無疑.

ཤ

ཤ [名] 1,肉；筋. 2,肉食.

ཤ་ཀ [名] 一種競技；一種遊戲.

ཤ་ཀོན 代 ཤ་འཁོན [名] 嫉妒；怨恨.

ཤ་ཁུག [名] 儲糌粑之袋.

ཤ་ཁོག [名] 已宰之獸軀；體腔.

ཤ་ཁྱི [名] 獵犬.

ཤ་ཁྲ [名] 膽汁.

ཤ་འཁོན = འཁོན་འཛིན [名] 1,忿怒；怨恨. 2,敵意；敵人.

ཤ་ཆུ = གོང་མ [名] 白松雞.

ཤ་ཙན [名] 1,纖維質之根. 2,一種藥植物.

ཤ་ཆེན [名] 人肉.

ཤ་རྗེན [名] 生肉.

ཤ་ཉེ [名] 1,親近. 2,後嗣.

ཤ་སྟ = ཀླུ [名] 龍；蛇怪.

ཤ་སྟག [副] 僅；唯一；單.

ཤ་ཡས [名] 厚氈毯.

青海省政府印刷局印

ཤ་བོ, ལག [名]仇敵.

ཤ་ཟུར [名]瘡;瘡膿;瘡傷;鞭痕.

ཤ་འབུ [名]蛆.

ཤ་སྦྲང [名]大麻蠅;青頭蠅.

ཤ་མ [名]1,一種歌雀. 2,胎衣;胞衣. 3,乳母.

ཤ་མོ [名]1,菌. 2,羊欄.

ཤ་སྐྲན [名]肉瘤;肉鈴;肉塊.

ཤ་སྐྱི=ཤ་མདོག [名]膚色;皮色.

ཤ་ཚ [名]1,感情;愛. 2,朋友.

ཤ་འཛེར [名]癒.

ཤ་ཟ 或ཤ་ཟན[名]1,肉食者;肉食動物. 2,食肉魔.

ཤ་ཟེང [名]1,乾肉. 2,肉食者.

ཤ་རག [名]乾堅之黃梅.

ཤ་ཡོག [形]1,邪惡;入斜徑. 2,歪斜. 3,ཤ་
ཡག་ཡོག腫脹.

ཤ་སྐྱབ=ཤ་ཉམས.

ཤ་སྐྲག [名]肉瘤.

ཤཱཀྱ, [名]釋迦;族姓名.

ཤྭ 或 ཤྭ་ཧྲོད [名]血.

ཤྭ་བ 或 ཤ་བ [名]鹿；牡鹿.

ཤག [動]裂開；斷裂. [名]宅；邸.

ཤག་མ [名]石；岩；石子.

ཤག་ཤག [名]下垂物. [形]懸垂；突出.

ཤགས＝ཁ་ཤགས [名]1,詼諧；諧談. 2,爭論之原因；爭論之目的或事見；口角.

ཤང [名]參看གཤང,拜物教之手鼓.

ཤང་ཁ [名]螺殼.

ཤང་ཐག＝འཕྲུལ་རིང་བ [名]1,經線；長.

ཤང་ཤང [名]1,鶴；一種似人之鳥. 2,猩猩. 3,花名

ཤང་ཤོངས [形]1,高地. 2,起伏不平之地.

ཤངས 或 ཤངས་སྣ [名]鼻.

ཤད [名]1,直；垂直. 2,句後之直線.

ཤད་པ,གཤད་པ或གཤོད་པ [動]1,梳刷；篦. 2,刷掃；輕磨擦.

ཤད་མ [名]木梳；梳子.

ཤད་ཡར, [名]一歲之犛牛犢.

青海省政府印刷局印

ཤན [名] 1,聯合；組合. 2,裝置；鑲. 3,小船. 4,雪豹. 5,區別；分別；差異.

ཤན་པ [名] 1,屠夫. 2,船夫；划船者. 3,過失；犯過. [形] 醜；可畏.

ཤན་སྦྱར [名] 對照；合璧.

ཤབ་ཤུབ [名] 1,耳語. 2,笑談. 3,謊語；詐僞.

ཤམ་＝གཤམ [名] 物之下部；國之低原.

ཤར [名] 東；東方.

ཤར་གྱིས [副] 立時；立即.

ཤར་བ [動] 1,འདུས་པ,蒐集；集攏. 2,長成. [名] 少年.

ཤར་པོ [名] 1,姦夫. 2,青年.

ཤར་བ [形] 黎明；破曉；升起. [動] 為འཆར་བ之完成式及第二式.

ཤར་མ [名] 1,發育完全之女子；長成之女子. 2,狹長條片.

ཤལ་དཀར [名] 獻神之白哈達.

ཤལ་བ [名] 耙.

ཤལ་མ [名] 多石之地；石子山邊.

ཤས [名] 同ཆ་ཤས; 一部份. [形] 多少; 若干; 少許.

ཤས་ཆེ [形] 1,多; 多數. 2,許多; 大部. 3,極強; 猛利; 極有勢力.

ཤི་བ = གུམ་པ為འཆི་བ之完成式及第二式 [動] 死; 滅; 熄; 盡. [形] 無生命; 死亡.

ཤི་རིག [名] 叮噹聲.

ཤི་རོག [名] 西藏之一種旱麥.

ཤིག 在ས字後時代ཞིག, 參看ཞིག. [形] 可能. [名] 虱.

ཤིག་གིག = ལྷོད་པ [形] 與 [名] 施縱; 放鬆; 懈怠.

ཤིང 在ས 字後時代ཞིང, 參看ཞིང [名] 1,樹; 樹木. 2,木; 木料.

ཤིང་ཀུན [名] 阿魏.

ཤིང་སྡོན = སྨྲེ་ཕུར

ཤིང་རྨོན [名] 啄木鳥.

ཤིང་རྒྱལ [名] 1,大樹. 2,ཆུ་ལྷ水神.

ཤིང་བཙུད = བུ་རམ [名] 糖漿.

ཤིང་ཏ་ལ [名] 棕櫚.

ཤིང་ཏོག 或 ཤིང་ཐོག [名] 果實; 果品.

青海省政府印刷局印

ཤིང་རྟ [名] 車；馬車；乘.

ཤིང་རྟ་མ, ཡཡ་བ་ཆུ [名] 河；溪.

ཤིང་རྟ་མོ [名] 木製之玩鳥.

ཤིང་དམར [名] 1,紅樹. 2,鸚鵡.

ཤིང་ཚ [名] 肉桂；桂皮.

ཤིང་ཚལ [名] 1,樹林. 2,碎屑；碎片.

ཤིང་གཞོང [名] 1,鑿；鏟；手斧. 2,印度之無花果樹.

ཤིང་ལོ [名] 樹葉.

ཤིང་ཤུན [名] 樹皮.

ཤིང་སཱ་ལ [名] 娑羅樹.

ཤིང་སེར=སྐྱེར་པ, [名] 黃柏；黃刺. 2,伏牛花.

ཤིང་སྲིན [名] 木蠹.

ཤིད [名] 喪事；葬儀.

ཤིད་སྲང [名] 古時之一種秤.

ཤིན་ཏུ [副] 1,甚；極；大；多. 2,誠然；確實.

ཤིབ་པ [動] 耳語；私語.

ཤིམ་པ (ས་སྤྲ་བ) [形] 混合；雜.

ཤིར་, ཤིར་ཤིར་ 與འཐམ་པ連用 [動] 噴出; 傾瀉. [名] 樂調名..

ཤིལ་བ [動] 滴過.

ཤིལ་ལི [名] 1, 似紗之織品. 2, 表示聲音之隱語.

ཤིས 或ཤིས་པ, [形] 吉祥; 佳運; 幸福; 光榮.

ཤུ་དག [名] 菖蒲; 茳蒿.

ཤུ་བ [名] 1, 皮膚上之紅皰; 痂; 疤. 2, 膚屑. [動] 完成式བཤུས或ཤུད, 未來式བཤུ, 命令式བཤུས或ཤུས, 1, 脫去; 脫落; 剝去. 2, 抄寫; 錄; 擇錄.

ཤུ་མོ་ཟ [名] 胡蘿蔔.

ཤུག [名] 1, 推; 推擠; 推撞. 2, 妻; 伴侶, 參看ཆེ་ཤུག. [形] 舊; 老.

ཤུག་པ [名] 柏; 柏樹.

ཤུག་གཙང [名] 四色之綫, 即黃, 白, 紅, 綠.

ཤུགས [名] 1, 疾速; 力; 勢力. 2, 固有之能力. 3, 呻吟.

ཤུགས་འགྲོ [名] 馬; 騾.

ཤུང་བ 完成式ཤུངས, [動] 1, 打鼾. 2, 嗡嗡; 嚶嚶.

青海省政府印刷局印

ཤུད་པ 完成式及未來式為བཤུད, 動 1, 摩擦. 2, 擦傷; 擦傷; 剝脫. 3, ཤུད་ཐེད་པ, 潛去; 私遁.

ཤུན་པ; པགས་པ [名] 皮; 外皮; 樹皮; 果皮.

ཤུབ་པ [動] 完成式及命令式ཤུབས, 低語; 耳語.

ཤུབས [名] 匣; 套; 封套; 鞘; 殼.

ཤུམ་པ 完成式འཤུམས或ཤུམས, 未來式འཤུམ, 命令式ཤུམ或ཤུམས, 動 1, 戰慄; 2, 哭泣.

ཤུར་བུ [名] 1, 長腰帶. 2, 瘡; 傷. 3, 湯糰.

ཤུལ [名] 1, 空地; 荒涼之地. 2, 道; 路; 狹經. 3, 死者之遺產.

ཤུལ་པ [名] 1, 承繼人; 承繼住處者. 2, 背骨; 臀骨.

ཤུལ་བྱི [名] 西藏之臭貓.

ཤུལ་མ [名] 抄件; 抄本.

ཤེ, ཤེ་སྐྱག, ཤེ་དཀག [形] 惟一; 僅一.

ཤེ་ག་ཆོད [名] 無理不法之行為.

ཤེ་ན 在ས之後時＝ཏེ་ན; 見ཏེ་ན.

ཤེ་བམ [名] 1, 命令; 公文; 執照. 2, 簿; 册; 合同.

ཤེ་སྦྱོར＝འཁྲིག་པ, 名 交媾.

ཤེ་མོང [名] 1, 宿命；定數；運. 2, 威權；權力.

ཤེ་རུལ [名] 惡臭；腐爛.

ཤེད [動] ཐ་མི 語；說；云；謂. [名] 1,=ཡིད 心；意；腦經. 2, 力；力量. 3, 接臨之地域或方向.

ཤེ་མཐུན [名] 大人；閣下.

ཤེ་བདག [代] གང་ཟག 我；自己；自身. [名] 有威權者；主宰；統治者.

ཤེད་མ [名]=ཤེད 力量；體力.

ཤེར་བ 完成式 གཤེར [動] 比較；對照.

ཤེལ [名] 玻璃；精製之玻璃；晶石.

ཤེལ་ཏ [名] 沒藥.

ཤེལ་མིག [名] 眼鏡.

ཤེས་ལྡན [名] 1, 有知識者. 2, 有知；一切衆生.

ཤེས་པ [動]=རིག་པ 知；識認；知曉. [名] 1, 知識. 知慧. 2,=རིག་པ 學問；智.

ཤེས་བྱ [名] 學問；應知之事；知識.

ཤེས་སྦྱོར [名] 僅有知者；獸.

ཤེས་བཞིན [名] 正知；知；覺悟.

ཤེས་རབ [名] 慧；知慧；般若

ཤོ [名] 1.骰子 [名]一種白楊柳. [動] 1.凋零；零.

ཤོ་གམ=ཁྲལ [名] 稅.

ཤོ་བ=རྫུན་ཚིག [名] 虛偽；誑言.

ཤོ་མང [名] 毛渣.

ཤོ་ཚ=ཉག་རྒྱ [名] 天平；秤.

ཤོ་ཟེ=ཟོ་བ [名] 一種小量穀具.

ཤོར [名] 1.ཁ་ཤོར་冒昧之允諾. 2.缺唇. 3.缺點；缺口；缺憾. [形] 損壞；傷毀.

ཤོ་ཟ 亦名 ཤོ་མ་ཟ [名] 一種荳.

ཤོག 為 འོང་བ 之命令式.

ཤོག་པ [名] 1.翼；翅. 2.鰭.

ཤོག་བུ [名] 紙；紙張.

ཤོང [名] 1.山脊. 2.གཤོང 或 གཤོངས. 洞；穴；坑；山谷；凹處.

ཤོང་བ [動] 1.保有；執. 2.有空地；能容；領悟。3.完成式 བཤོངས，未來式 བཤོང，命令式 ཤོངས，移開；使空；取去.

青海省藏文研究社編

ཤོང་བྱ [名] 犁溝.

ཤོང་ཤོང [形] 粗糙；崎嶇.

ཤོད [動] 為བཤད་པ與འཆད་པ之命令式. [名] 下部；下端.

ཤོན [名] 一種跳舞之姿勢.

ཤོབ [名] 1＝གཞོབ 燒焦之氣味. 2, གཤོབ, 偽語；謊言.

ཤོམ་པ 完成式 བཤོམས་པ 或 བཤམས 未來式 བཤམ 命令式 ཤོམས་པ 或 ཤོམས, [動] 預備；陳列；排佈.

ཤོར 參看 ཤོ་རེ

ཤོར་བ [動] 潛逃；失踪；潛出；脫. 參看 འཆོར་བ.

ཤོལ＝ལྷག་ཡོ [形] 剩餘；另加.

ཤོལ་ཡོ [名] 1, 滲間；加入. 2, 一種椰.

ཤོས 此為接尾字, 用於形容詞後時, 表示最高級, 如 ཆེ་ཤོས, ཆུང་ཤོས, 最大；最小.

ཤོས་བུ＝གཏོར་མ [名] 施食, 施品.

བཤག་པ [名] 區別；差異. [動] 區別, 區分. 參看 གཤོག་པ.

བཤགས [名] 正直；公平.

གཤང [名] 一種樂器；拜物教之寺鼓.

གཤང་བ=བཤང་བ.

གཤང་གཤོང [形]崎嶇；不毛.

གཤད་པ [動]1,ཤད་མ 梳. 2,འཆད་པ,解釋；闡明.

གཤམ [名]下部；下端. [形]不能生育.

གཤམ་མ [名]後部；後者.

གཤའ [形]適當；合宜.

གཤའ་དཀར 參看ཞ་ཉེ, [名]錫.

གཤའ་མ [形]1,正；純潔；正直；善良. 2,ཡ་རྐྱང, 僅；唯一.

གཤར [名]一種書法名.

གཤར་བ [動]依次移動；陸續跟隨.

གཤལ་མ=གཤའ་མ.

གཤིག 參看གཤིབ་པ.

གཤིན་རྗེ [名]死神；閻羅王；死人之統治者.

གཤིན་པ [形]1,མཐུན་པ,適用；合適. 2,慈惠；良善. [名]亡魂；死物.

གཤིན་པོ=ཤི་བོ.

གཤིན་རྫས [名]死者捐於寺院之財物.

གཉིབ་པ་ 或 གཉིབས་པ་[名] 排列之物；排列；準備.

གཉིམ་པ་ 或 གཉིན་པ་[動] 搗碎；壓碎.

གཉིས་=བཞིན་, ལུགས་[名] 1, 天性；禀質. 2, 人身；外貌.

གཉིས་ལུགས་ [名] 1,=སྣང་ཉིད. 2, 性質.

གཉུང་བ་[動] 譴責；叱.

གཉེ་བ་完成式གཉེས་ [動] 侮辱.

གཉེག 參看 གཉོག་པ.

གཉེགས་པ་[動] 離開；離去；死；逝.

གཉེད་=ཉེད་ [副] 近彼處；在某處；接近之處所.

གཉེད་མ་ [名] 1, 行刑者；絞人者. 2, 死之天使；害鬼之神. 3, 卑鄙者.

གཉེན་ [名] 西藏古時一家族.

གཉེན་རབ་ [名] 創拜物教者之名.

གཉེར་བ་[名] 1,=རློན་པ, 濕；濕氣；潮濕. 2,=ཆུ 水；液體. [動] 1, 懇；請求；祈請. 2, =གཉོར་བ, 度；量.

གཉོ་བ་完成式གཉོས་ [動] 傾衰；傾倒.

གཉོམ་[名] 植桿.

青海省政府印刷局印

གཤོག་པ [名] 亦作 ཤོག་པ, 翅；翼；鰭. [動]完成式 གཤགས 或 བཤགས, 未來式 བཤག 命令式 གཤོག 1,劈裂；撕. 2,懺悔；自認；認罪；贖罪.

གཤོང, གཤོངས [名] 1,狹隘處. 2,深谷.

གཤོང་བུ=སྣང་བུ [名] 水盆.

གཤོད་པ [名] 梳篦.

གཤོམ་པ=ཤོམ [動] 預備；準備.

གཤོར [名] 1,=ཡུར་བ, 水道；水溝. 2,角製之杓.

གཤོར་བ 完成式為 བཤར, [動] 1,列隊前進；魚貫而行. 2,權衡；度量. 3,追逐；狩獵. [形] གཤེར, 有剛毛；毛髮蓬鬆.

གཤོལ=ཐོང་གཤོལ [名] 犁杖.

གཤོལ་པོ [名] 白楊樹.

གཤོས་པ 參看 གཤོབ 與 བཤོབ.

བཤགས་པ [動] 1,解釋；闡明. 2,懺悔.

བཤང་བ [名] 腸中之排泄物.

བཤང་ལམ [名] 肛門.

བཤང་སེང [名] 兒茶樹.

བཤངས་པ [形] 泄漏.

བཤད་པ [動] 1, 說；述. 2, 解譯；闡明. 3, 聲明；證明；宣佈；決定.

བཤན་པ [名] 參看གཤན་པ, 殘忍者；屠伕.

བཤམ་མ [名] 欺；詐.

བཤའ [名] 1, 分配；平分. 2, 職務. 3, 洪水；漲水. [副] = ཡང་དག་པ, [動] 完成式བཤས = བསད་པ, 宰；殺戮.

བཤའ་མ 1, [名] 喂以備宰之牲口. 2, = གཤའ་མ.

བཤར་བ 參看གཤར་བ = འདེད་པ. [動] 衝；攆.

བཤལ་བ [名] = བཤིག་པ, 傾覆；破壞. [動] 使潔；洗滌；漱.

བཤིག 完成式བཤིགས, 參看འཇིག་པ, 破壞；顛覆.

བཤིབ་པ 與完成式གཤིབས = གཞིབས་སམ་སྒྲིགས་པ, [動] 均匀排列. 排整.

བཤུ་བ 參看ཤུ་བ.

བཤུག་པ = བསྐྱང་བ, [動] 賣.

བཤུང་བ = དམའ་འབབས་པ, [動] 1, 使墜落；降落. 2, སྨོད་པ, 謗毀；咒罵.

青海省政府印刷局印

བཤུད་པ [動] 1, 刮去; 磨損; 除去. 2, 以火煉清. 4, 置于匣中; 插入鞘.

བཤུམ་པ 參看 ཤུམ, 完成式為 བཤུམས, 與 ངུ་བ 相似 [動] 流淚; 哭泣.

བཤུར་བ [動] 燒焦.

བཤུལ་ = ལམ [名] 行程; 路.

བཤུས 為 ཤུ་བ, 之完成式 [動] 1, 剝皮; 2, 摘錄.

བཤེའུ 參看 བཤའུ, ཆུ [名] 漲水; 泛濫.

བཤེར 參看 ཤེར་བ [動] 比較.

བཤེས་གཉེན [名] 師友; 朋友.

བཤེས་པ [形] 1, 和睦; 友誼. 2, 認識.

བཤོ་བ = འཁྲིག་པ, [名] 交媾. [動] 1, 同睡; 交媾. 2, 生產; 生育. 3, 傾出. 4, 嘔吐.

བཤོག་པ 參看 གཤོག་པ.

བཤོང་ས = དམའ་བ [名] 1, 低處; 低地. 2, 谷; 山峽.

བཤོད་པ 參看 བཤད་པ; [名] 陳述; 語言; 報告.

བཤོར་པོ [形] 慷慨; 博施.

བཟོར་བ་ 參看གཟོར་ཕྱ[動]狩獵.

བཟོལ། ༡ = ཟླ་བཟོལ། ༢ [形] 延擱；遲延.

བཟོལ་བ [動] 等候；躭擱；遲延.

བཟོལ་མ 參看ཆང་དངོས，[名] 酒；露.

བཟོས 為བཟོ་བ，之完成式，與ཟན同，[名]食物.

བཟོས་ཕྱ [名] 少量之供品.

ས

ས 名 1,土；地；泥土；土地. 2,=གནས, 住所；處所. 3,地位；位置. 4,階級；等次；期. 5,機遇；機會.

ས་ཁ 或ས་ཁྲ 名 1,圖形；地圖. 2,休息室；歇處. (旅行者)

ས་དཀར=དཀར་རྩི. 名 1,白色. 2,粉白水；石灰.

ས་སྐམ 名 陸地；乾地；大草原.

ས་སྐྱ 名 1,灰白的土. 2,薩迦派.(喇嘛教舊派之名)

ས་ཁམས, སའི་ཁམས, 名 地界；土之原素.

ས་ཁོང 名 大地之內部.

ས་ཁྱུད=ས་ཚ.

ས་ཁྲ=ས་ཁ 名 圖；地圖.

ས་ཁྲལ 名 土地稅.

ས་ག 名 星名；氐宿.

ས་གྲོང 名 硬地；黏土.

ས་དགའ, ས་དགྱེས, 名 白合花.

ས་མགུལ=ས་གཡོས[名] 地震.

ས་སྐོང[名] 土坡；土堆.

ས་བཅད=མདོར་བཤད[名] 科判；要畧；綱領.

ས་ཆ[名] 地方；處所；國.

ས་རྟེན=འཇིག་རྟེན[名] 宇宙；世界.

ས་སྟན=ས་གདན[名] 地毯；氈毯.

ས་སྟོང[名] 荒地；沙漠.

ས་དོང[名] 地洞；地坑.

ས་དྲ[名] 執照；專利執照；特許狀.

ས་མདའ[名] 捕鼠之箭；捕虎豹之陷阱.

ས་རྗེ=ཕྱུ་རྒྱུགས[形] 堅持；固執.

ས་ཇོག=ལྕགས[名] 鐵.

ས་གནས[名] 1,境；國. 2,風景. 3,位置；地位.

ས་སྣོད[名] 1,土罐；土壺. 2,茉莉.

ས་པག[名] 土磚；磚瓌；磚.

ས་ཕུག[名] 洞；穴.

ས་ཕུང[名] 土堆；土崗.

ས་བོན[名] 種子.

ས་ལྷ＝མཐོ་རིས་ཀྱི་གནས, [名] 天上.

ས་དབང＝རྒྱལ་པོ [名] 君; 王; 統治者.

ས་འཇོལ [名] 柔鬆之土.

ས་འབྲེད [名] 鋤.

ས་མིན [名] 白沙.

ས་མོས [名] 百合花.

ས་སྨུག [名] 入藥之紅黑色土.

ས་ཚིག, ས་ཚིགས་ཨམ་ས་ཚིགས, [名] 站; 宿邑.

ས་རྫི＝དཀར་རྫི [名] 石灰; 白粉水.

ས་ཚུར [名] 苦味之土.(用以染色及繪畫者.)

ས་མཚམས [名] 邊疆; 邊界; 疆界.

ས་ཞག [名] 石油; 地瀝清.

ས་གཞི [名] 1, 土; 地; 大地. 2, 地位; 地址.

ས་ཟླ＝གསེར [名] 黃金.

ས་འོག [名] 地府.

ས་ཡ [名] 百萬.

ས་གཡོས [名] 地震.

ས་རི [名] 星名; 亢宿.

ས་རིམ [名] 路程；道。

ས་རླངས [名] 蒸氣；地之水氣.

ས་ལ [名] 1,贍部洲之一大河. 2,一種羊.

ས་ལུ [名] 一種野穀.

ས་ལེབ [形] 淺.

ས་སཾ=བཞི་མདོ [名] 十字路.

ས་སྲོས [名] 黃昏後之時.

སཱ་ལ [名] 娑羅樹.

སག [形] 遲緩與斜歪. [名] 1,脊肉；硬結. 2,皮之長毛處. 3,
ཉ་སག 鱗.

སག་བདར [名] 大銼.

སག་པ [名] 小水泡.

སག་རི 或 སགས་རི [名] 騾馬之皮所製之革.

སག་སིག [形] 動與息.

སང, སང་ཉིན [名] 明日；翌日.

སང་ངེ [形] 1,無瑕無垢；純潔. 2,秘密.

སང་ནུབ=སང་དགོང, [名] 明晚.

སང་ཕོད=སང་ལོ, [名] 明年.

སང་བ 完成式 བསངས 或 སངས 未來式 བསང 或 སང [動] 1,除去；滌潔. 2,取去. 3,弄壞；使無用.

སང་སྦེད [形] 隱；藏；匿.

སང་རས [名] 面巾；抹布.

སང་སེང [名] 隱藏之處；罅隙.

སངས, སངས་པ [動] 1,使潔；清潔. 2,覺；醒覺. 3,蒸發.

སངས་རྒྱས [名] 佛；圓覺.

སངས་རྒྱས་པ [動] 成佛；正覺. [名] 佛徒；佛弟子.

སངས་པ [形] 1,清潔；清淨. 2,醒覺.

སངས་པོ [名] 拜物教之第一教主.

སངས་སྤྱན [名] 佛眼；卓智.

སད་པ [名] 1,嚴寒；冷風. 2,凍結；霜. [動] 常與 གཉིད 等連用, 醒覺；睡醒.

སད་པ 或 སད [動] 辨別；類別；探究；查察.

སབ་སོབ [形] 腐爛；不完全；有缺陷.

སམ་ཁ 或 སམ་ཡིག [名] 紀錄；筆記簿.

སམ་ཐ [名] 西藏人用以繪圖計算及習字的木板.

སམ་སྙོམ [形] 低聲；和諧.

སར་པ [形] 新；新鮮。

སར་སོར = སར་སོ་རེ。[形] 林立；叢立。

སལ་བ, སལ་སིལ [名] 金之裝飾品；金綠帶。

སས = ས་ཡིས.

སི, སི་སི [名] 由齒縫中吹氣之聲。

སི་ལ [名] 1,塊；球形植物。

སི་ཐ [名] 棗樹.

སི་ར = མཆོད་པ [名] 祀奉.

སི་རི [名] 1,麻線；細繩。2,楨；門楨。

སི་རིལ [名] 角製之墨斗；墨盒；墨水壺。

སི་ལ [名] 一種香。

སིག་པ [動] 突然推動或舉起；猛推；急引；扭動；急拉上

སིག་ཐུ, སིག་ར [名] 一種藍.

སིང་སྐྱུར [名] 酸乳；結皮之乳。

སིང་གེ, སེང་གེ [名] 獅.

སིང་ངེ་བ [形] 神聖；純潔。= གཙང་མ.

སིང་བ [動] 選擇；揀毛。[形] 極黑。

སིང་ཐུ [名] 馬乳酒.

སིང་ཚོལ[名]茶壺；茶罐.

སིང་སིང[名]擊銅之聲(以驗其質).[形]薄；薄弱.

སིངས་པོ[形]1,薄. 2,清明.[名]薄酒；性弱之酒；未酸之米湯.

སིད་པ[動]吹哨.

སིབ་པ[動]滲入；吸；吮.

སིབ་ཀྱུ[名]一種癌症；麻疹.

སིམ་པ[動]休息；修養.[形]康健；强健；健壯.

སིལ 或སིལ་སྙན[名]鐃.鐃鈸.

སིལ་བུ, གསིལ་བུ, [形]1,少許. 2,ཐོར་བུ.

སིལ་མ, སིལ་བུ[名]碎片；微分；塵埃；屑. 2,鐃鈸之聲.

སིལ་སིལ[名]小鈴；盞子.

སུ[名]1,幸福之女人. 2,鴻運. 3,進食.[代]誰；何.此字用為接尾字時，置于添後字ས之後，如：སྐྱབས་སུ為ལ་དོན之一，表示業格為格及時間等，參看ལ.

སུ་མི[名]一種似蕪青之藥根.

སུ་ཀྲུ [名] 一種坐態.（伸右足而縮左足者）

སུག [名] 報酬.

སུག་འདྲ [名] 桔梗.

སུག་པ [名] 1, ལག་པ 手. 2, 獸之四足. 3, 一種藥根.（洗滌用）[動] 撞；推；推開；推醒.

སུག་པོ [名] 肢體.

སུག་སྨད [名] 益智仁.

སུག་སྨེལ 或 སུག་སྨིལ, [名] 1, 一種香料. 2, 荳蔻.

སུག་སུག [形] 大笑聲.

སུད་པ [動] 咳；氣促.

སུན = ཡུན 或 དུས, [名] 時間.

སུན་པ [動] 1, 倦厭；困憊. 2, 忿怒；煩惱；3, 震耳使聾. 4, 譴責；責備；揭短.

སུན་པོ 或 སུན་པ, [形] 疲倦；厭倦.

སུན་མ [名] 侮辱；凌辱；誹謗；非難.

སུབ་པ 完成式 བསུབས 或 སུབས, 未來式 བསུབ [動] 1, 塞閉；關閉. 2, 塗抹；擦去；覆蓋.

སུམ 在混合字中代 གསུམ, 如 སུམ་ཅུ, 三十；སུམ་བརྒྱ, 三百.

སུམ་རྟགས 為 སུམ་ཅུ་པ與 རྟགས་ཀྱི་འཇུག་པ之縮寫. 一部論藏文構造及文法之書.

སུམ་མདོ [名] 三岔口；水之合流處.

སུམ་ཡན [名] 紅胡椒.

སུར་སུར [名] 粗糠(麥屑)

སུལ [名] 1,衣服之縐褶. 2,溝壑；凹縫；犂溝.

སུལ་མ [名] 有槽之器皿.

སུལ་མལ [名] 重瓣胃；反芻獸的第三胃.

སུས 為སུ 之具格.

སུས་པ [名] 腹；肚.(俗語)

སེ [名] 1,西藏古時六部落之一. 2,一種小鳥. [形] 少許；極小.

སེ་གོལ [名] 彈指；彈指之頃.

སེ་ཚོད [名] 野石榴.

སེ་ཏྲང [名] 黃唸珠.

སེ་དྲི, གསེ་དྲི [名] 腋下之狐臭.

སེ་བ 或 གསེ་བ, བསེ་བ [名] 1,一種灌植物.(花白,似玫瑰) 2,黃玫瑰；金色玫瑰. 3,山查果.

244

སེ་བོ ཁ་སེ་ཡ [形] 灰白；斑白.

སེ་འདྲུ [名] 臭蟲.

སེ་འབྲུ [名] 石榴樹.

སེ་འཁྲེག [名] 惡意；怨恨；暗譏.

སེ་མོ [名] 頸珠；項珠.

སེ་མོག [名] 花柳病.

སེ་རྨ [名] 楊梅瘡.

སེ་ཡབ=སེའུ་ཡབ [名] 無花果樹.

སེ་ར [名] 色拉寺.(在拉薩附近)

སེ་རྒྱལ [名] 1,一種礦質藥.(或即蒼鉛). 2,犛牛糞.

སེ་རེལ [形] 半開.

སེ་ཤིང [名] 1,一種蕁麻. 2,作籬之樹或灌木.

སེག, སེག་སེག [形] 斜；歪.

སེག་ཕྲ [名] 一種水鳥；鷸.

སེག་མ [名] 小石沙；石沙.

སེང 參看གསེང.

སེང་གེ [名] 獅.

སེང་ལྡེང [名] 樹名.

青海省政府印刷局印

སེང་པོ=གསེང་པོ [形] 1,清潔；白. 2,透明；稀薄；薄；不透明.

སེང་བ 完成式བསེངས,未來式བསེང, [動]舉起；使高升.

སེང་ཤང [形]白；漂白.

སེང་ཤིང 代སེང་ལྡེང.

སེང་ཤོར=འཁྲུལ་ཤོར[形]失察；不見；遺忘.

སེད [名]列；行.

སེན་མོ，སྡིག་སེན, [名]指甲.

སེབ 參看གསེབ.

སེམ་མེ(ཛུམ་སེམ་མེ)[形]微笑.

སེམས 與ཐུགས同. [名]1,心；意. 2,心靈；靈魂；精神；腦經.

སེམས་བསྐྱེད [名]觀念；思想；概念；發心.

སེམས་འཁྲལ [名]為痛苦所擾之心；心之痛苦.

སེམས་ཅན [名]1,有情；衆生；動物. 2,昆蟲.

སེམས་ཉིད [名]1,心性；精靈；心. 2,記憶力. 3,智慧；自覺；悟.

སེམས་པ 完成式སེམས་或བསམས་未來式བསམ 命令式སོམ,

[動] 1,思想；思惟. 2,空想；幻想；想像. [名] 記性；記憶.

སེམས་སེམས་དཔའ [名] 勇敢之心；薩埵；菩薩.

སེ་འུ [名] 1,石榴樹. 2,小齒.

སེར [形] 1,代སེར་པོ. 2,སེར་རུ 腐敗；腐朽.

སེར་ཀ=སེར་ཁ [名] 1,裂痕；裂隙；罅隙. 2,孔；洞.

སེར་སྐྱ [名] 僧俗；僧徒與俗人. [形] 黃白色；棕黃色.

སེར་ཁ 參看སེར་ཀ.

སེར་ཁྲལ [名] 付與僧侶保護雹災之費.

སེར་སྣ [名] 慳恡；吝嗇.

སེར་པོ [形] 1,黃；蒼白. 2,白皙；清談.

སེར་འཕྲེང [名] 教師之賽會.

སེར་བ [名] 雹；冰雹.

སེར་བུ 參看བསེར་བུ

སེར་མ=བཙུན་མ [名] 尼姑.

སེར་མོ [名] 1,手指. 2,暹麥；六列之麥.

སེར་ཞུར [名] 黃蠟.

སེལ [形] 意見不合；參差.

青海省政府印刷局印

སེལ་བ 完成式與未來式 བསལ，命令式 སོལ，[動] 1.除去；棄. 2.使潔. 3.拔；抹. 4.消除；塗消.

སོ [名] 1.牙齒. 2.鋸齒；梳齒；輪齒. 3.鋒；刃. 4.＝ཆགས་པ 愛情；欲望. 5.快樂；安樂. [動] 看守；守望，偵察. 此為終語字之一，用於添後字 之後.

སོ་སྐྱག [名] 牙垢.

སོ་ཁྲབ＝མ་བཅོས་པ，[形] 天然的；非人為的.

སོ་ག＝སོས་ཀ [名] 夏季.

སོ་གོས，མཆུ [名] 唇.

སོ་ཁྲི [名] 鋸.

སོ་ཆ [名] 婆羅子(作吐劑之藥果)

སོ་ཐག [名] 亞麻布.

སོ་དྲེག [名] 牙垢.

སོ་ནམས，སོ་ནམ [名] 農務；稼穡. སོ་ནམས་པ 農人.

སོ་པ [名] 看守者.

སོ་ཕག [名] 1.磚瓦；瓦類. 2.磚砌工程.

སོ་བ [名] 1.未去殼之穀；粗穀麥.

སོ་ཛ [名] 一種水鳥.

སོ་མ [名] 1, སོས་པ 鮮肉. 2, 一種爬藤植物.(汁可作奠酒) [形]=གསར་པ,新; 新鮮.

སོ་མང=སྐྲ་ཤད,[名] 梳子; 梳毛髮之篦.

སོ་རྩམ [名] 米麥混合之麨粉.

སོ་ཙི [名] 柚子.

སོ་ཚིས 或 སོ་ཚིགས,[名] 1,農務; 稼穡. 2,主持家政.

སོ་ཞོ [名] 齒上之小白點.

སོ་ཞེད [名] 牙刷.

སོ་རལ [名] 不整之齒.

སོ་རས [名] 亞麻布.

སོ་ལུག [名] 酒渣; 酵母.

སོ་ལི [形] 新鮮; 保存好.

སོ་ལོག [名] 大道; 石道; 棧道.

སོ་ཤིང [名] 1,牙籤. 2,一種植物.

སོ་སོ=ཐ་དད [形] 1,異; 各種; 不同. 2,分立; 各處; 各自; 各個.

སོ་སྐྱབ [名] 牙之鉄口.

སོ་བསོད [形] 安樂.

སོ་རྒྱབ [名] 切碎之肉食；搗碎之乾肉食.

སོག 1,參看སོབ. 2,代སོག་པོ.

སོག་པ [名] སོགས་པ肩胛骨. [動] གསོག་པ完成式བསགས,未來式བསག集攏；積集；積蓄.

སོག་པོ 1,韃靼；蒙古；蒙古人.

སོག་མ [名] 草；葉片；莖.

སོག་ལེ [名] 鋸.

སོགས་པ, ལ་སོགས,等等.

སོང 常作འགྲོ་བ之過去分詞. [動] 1,去；過；前往. 2,變為；成為.

སོན 或སོན་པ, 1,代ས་བོན. 2,[動]=སོང་བ或ཕྱིན་པ, 到；達.

སོན་པ 1,參看སོན 2,參看གསོན.

སོབ [形] 空；虛；徒然；無效.

སོམ [形] སྙོམས, 均勻；平均. [名] གསོམ, སོམ་ཤིང松樹. [動] 為སེམས་པ之命令式.

སོམ་ཉི [名] = ཐེ་ཚོམ, 疑惑.

སོར [名] 手鐲.

སོར་མོ [名] 1,手指；足趾. 2,英吋.

སོལ་མདུན [名] 1,戴于頸上之珠寶. 2,頸項飾.

སོལ་པོ [形] 友誼；和靄.

སོལ་བ [名] 木炭；燃料. 2,火星. [動] 為གསོལ་བ之完成式.

སོས 1,為སོ之具格. 2,[動] 為གསོབ之完成式.

སོས་ཀ [名] 夏季.

སོས་དལ=བྲེལ་བ་མེད [副] 不急忙；慢慢；閒暇.

སོས་གདོལ=ལྷོད་ལྷོད, [形] 慢；緩；鬆；弛緩.

སྲ=སྲ་བ.

སྲ་བ, སྲ་བོ或སྲ་མོ [形] 堅；硬；緊密；厚密；牢固.

སྲ་འབྲས [名] 石蓮子.

སྲ་རྩི [名] 硬漆；漆；硬膏.

སྲ་སྲ, སྡིག་པ [名] 罪惡.

སྲག་པ

སྲག་ཀྱུལ [形] 兇悍；強暴.

སྲང [名] 1,གྲོང 村；小村落. 2,天秤. 3,重量；兩.(即十錢) 4, 寺院周圍之空地或寬道.

སྲང་ཆ [名] 戥子.

青海省政府印刷局印

སྲང་ནང [名] 街巷.

སྲང་བ [形] 直. [動] 使直.

སྲད་མ [名] 豆; 參看 སྲན་མ.

སྲད་བུ = སྐུད་པ,[名] 線; 紗.

སྲན་པ [名] 難忍受之事; 艱辛; 苦工. [動] 完成式與未來式為 བསྲན 命令式 སྲོན 1,忍耐; 忍受. 2,使堅.

སྲན་མ [名] 1,豆; 豆類. 2,穀.

སྲབ [名] 轡.

སྲབ་པ [形] 1,仄狹. 2,輕微. 3,淺; 鬆.

སྲབ་མ [形] 薄; 細; 細長; 佳.

སྲབ་སྲིབ = རབ་རིབ,[名] 1,薄暮; 黃昏. 2,黑暗; 昏暗.

སྲམ [名] 1,獺; 2,獺皮; 黑貂皮.

སྲར (為 སྲབ 之副詞) [副] 嚴肅; 苛烈.

སྲས [名] 1,子; 男孩. 2,太子; 公子. སྲས་མོ,女; 小姐; 公主.

སྲི [名] 1,ཁྲག,血. 2,一種食小孩之魔; 吸血鬼. 3,一種野獸. [副] 尊敬; 敬重; 畏服. [動] 或 སྲིབ 完成式 བསྲིས,未來式 བསྲི,1,保持. 2,吝嗇; 鄙吝.

3, 代 དཀྲི་བ, 纏繞；捲起.

སྲི་ཞུ [名] 產後即死之婦人.

སྲི་ཞུ་ནག [名] 桑樹.

སྲིང་བ 完成式 བསྲིངས, 未來式 བསྲིང, [動] 1, 伸長；延長. 2, 拋；擲. 3, 展延；延期. 4, 寄；送. 5, གསོ་སྲིང་བ, 教養；教育.

སྲིང་མོ [名] 妹；女弟.

སྲིད [名] 1, =ཞེང, 高；長度；廣濶. 2, 政；政權；主權；國權. [副] འདུ་བ 迄；當；乃至.

སྲིད་པ [名] 1, འཁོར་བ 輪迴；有. 2, 世間；世界；存在之事物. [動] 1, 是；為. 2, 成為；變成；可能

སྲིད་ཞུ =སྲི་ཞུ, བཀུར་སྟི [名] 頌揚；恭敬. 2, 職務.

སྲིད་སྲུང [名] 四吠陀之一；禳灾；護國.

སྲིན 1, 代 སྲིན་པོ, 參看 སྲིན་པ 與 སྲིན་མོ 2, [名] 蟲，蟲類.

སྲིན་ཀླད [名] 1, 一種腦中有蟲之病. 2, 一種火石.

སྲིན་གླང [形] 癲狂；有昏倒病. (馬)

སྲིན་འཇོམས [名] 1, 殺蟲劑. 2, 鴿籠；養鳥房；鳥籠.

སྲིན་ཐོར [名] 小瘡；膿瘍.

སྲིན་པོ [名] 羅叉；食人魔.

སྲིན་བལ [名] 1,棉. 2,棉絲；生絲.

སྲིན་བུ=འབུ་或འབུ་སྲིན [名] 蟲；害蟲.

སྲིན་བྱ [名] 魔鳥；如梟等.

སྲིན་མོ [名] 一魔鬼.

སྲིན་ཤིང [名] 桑樹.

སྲིན་ལག [名] 無名指.

སྲིབ [名] 1,昏暗；黑暗；夜晚. 2,或作སྲིབས,山陰；山北

སྲིབ་པ 完成式སྲིབས་པ或བསྲིབ་པ,[名] 障蔽；變黑暗；成昏黑.

སྲིལ [名] 蠶.

སྲུ་མོ [名] 1,嫂. 2,姨母；姑母.

སྲུག་པ 藏西代སྲུགས,[動] 1,動搖；搖出；2,拌亂；調和. 3,使搖擺；使蹣跚.

སྲུང་སྐུད [名] 有法線之避邪符.

སྲུང་འཁོར [名] 壓邪物；護身佛.

སྲུང་བ [動] 完成式བསྲུངས或སྲུངས,未來式བསྲུང,命令式

བསྲུངས་或སྲུངས, 1,保護；保圍；守護. 2,監視；監禁. 3,小心；謹慎；防患. 4,守；謹守；遵奉. 5,禁止；阻拒. [名] 1,防守；保護. 2,保護者；保護之物.

སྲུང་མ, [名] 守護者；護法神.

སྲུང་མཛོད [名] 保存者.

སྲུངས་པ=སྦས་པ, [形] 藏匿.

སྲུན་པ 或བསྲུན་པ [形] 與 [名] 靜；柔和；溫和；謙遜.

སྲུན་པོ=སྲུན་པ, [形] 馴順；溫順.

སྲུབ་ཀ [名] 一種入藥之穀.

སྲུབ་པ 未來式བསྲུབ,完成式བསྲུབས,命令式སྲུབས, [動] 1,攪動，攪乳皮. 2,搜撿；細察；翻撿. 3,磨擦.(磨木生火)

སྲུབས [名] 罅隙；裂縫.

སྲུབས་མ [名] 攪乳槓.

སྲུམ [名] 肉食；肉.

སྲུལ་པོ=རུལ་པོ [形] 腐爛；腐臭 [名] 臭鬼.

སྲུལ་བ 完成式與未來式བསྲུལ, [動] 1,腐爛. 2,攪動；

青海省政府印刷局印

拌亂. 3,推進; 推搖.

སྲུལ་པོ [動] 腐壞.

སྲུས [名] 未熟之穀穗.

སྲུས་པ [動] 使濃; 使堅. (以蒸發或煮).

སྲེ་ནག [名] 煤煙; 油煙.

སྲེ་བ [名] 一種果汁. [動] 完成式བསྲེས, 未來式བསྲེ, 命令式བསྲེས 或སྲེས, 為འདྲེ་བ之他動. 1,混合; 摻雜. 2,加; 總結; 計算.

སྲེ་མོ 或སྲེ་མོང [名] 黃鼠狼; 鼬.

སྲེ་མོག 參看སྲེ་མོ

སྲེ་མོང = སྲེ་མོ

སྲེག་པ [名] 鷓鴣; 半雞. [動] 完成式བསྲེགས, སྲེགས, 未來式བསྲེག, 命令式བསྲེགས或སྲེགས, 1,燒燬; 消滅. 2,烘焙; 煎. 3,變成褐色; 使成樓色.

སྲེག་མ, [形] 烘; 焙; 燒. [名] 1,焚燒之物. 2,不毛之地.

སྲེག་བླུགས [名] 祀品; 祭品.

སྲེང 中藏 = ཕྲེང 如མི་སྲེང.

青海省藏文研究社編

སྲེད [名] 一種穀.

སྲེད་པ [名]與[動] 愛；欲；願望；希冀.

སྲེད་པོ [名] 愛人；情人. སྲེད་མོ, 女友；情人.

སྲེལ་བ 完成式與未來式為བསྲེལ, [動] 1, 教養；撫養；餵養. 2, 保存；保持；握.

སྲེས 或སྲེས་པ [動] 混合；滲雜.

སྲོ [名] 熱情；忿怒.

སྲོ་བ 完成式བསྲོས 或སྲོས, 未來式བསྲོ, 命令式བསྲོས 或སྲོས, [動] 烤；取煖；使煖；曬.

སྲོ་མ [名] 1, 蟣；蝨卵. 2, 水泡；小凸起. 3, 一種藥草。

སྲོ་ལོ [名] 沙參.

སྲོ་ལོང [名] 鳥名.

སྲོག [名] 命；生命；生存.

སྲོག་ཅན [名] 命者；衆生. [形] 有生命；生活.

སྲོག་གཅོད་པ [名] 殺；殺生；斷命.

སྲོག་ཆགས [名] 1, 衆生；動物. 2, 昆蟲.

སྲོག་ཤག = དབྱང་ཤག.

青海省政府印刷局印

སྲོག་རྩ (གཞི་མ) [名] 命根；命脈.
སྲོག་རླུང [名] 呼吸；氣息；生氣.
སྲོག་ཤིང [名] 1,སྲ་ཤིང 生命之樹. 2,車軸.
སྲོང 代སྲོང་བ, [形] 正直；公正.
སྲོང་པོ [形] 公正；正直.
སྲོང་བ 完成式བསྲངས, 未來式བསྲང, 命令式སྲོང 或 སྲོངས,
[動] 使直.
སྲོངས་པ [形] 直；不彎曲.
སྲོད [名] 黃昏；薄暮.
སྲོད་འཁོར [名] 黃昏後；黎明後.
སྲོད་ཇ [名] 早茶與晚茶.(黎明或黃昏時獻于僧侶者)
སྲོད་ལོང [名] 黃昏盲.(黃昏時視物不清者)
སྲོལ=ལུགས་སྲོལ [名] 風俗；習慣；習用；習為.
སྲོལ་རྒྱུན [名] 習慣；常法；法律.
སྲོལ་ལམ=ལུགས་སྲོལ [名] 習慣；慣例.
སྲོས 參看སྲོ, [名]=སྲོད, 黃昏.
སླ 或 སླ་བ [形] 1,སླ་མོ 薄；稀. 2,易；容易.
སླང 或 ལྕགས་སླང, [名] 烘穀之鐵鍋.

སླག་པ＝སློག་པ,[名]皮袍；皮衣.

སླང [名]俗語代སློང. [動] སློང་བ,豎起；弁起.

སླང་བ [動]接；受；取. 參看སློང་བ.

སླངས 參看སློང་བ.

སླད 代ཕྱི,[副] 將來；此後；以後.

སླད་དུ [後置]因為；因. [副]在後；後面；後來.

སླད་པ＝ལྷད་པ 或འདྲེས་པ完成式為བསླད[動] 1,混合

(與劣質) 2,滲雜他物；損壞.

སླད་མ＝རྗེས་མ [名] 1,後部；後者；在後. 2,後來者；

跟隨者.

སླད་ཚ＝མི་གཙང་,[名]糞；人糞.

སླན＝ལྷན [名] 1,補釘；補布. 2,西藏婦人用之皮

耳. 3

༡༢༦ སླན་པ,ལྷན་པ[動] 整補；修補.

སླབ་པ 代སློབ་པ.

སླམ་པ[動] 1,稍焙烘；使變黃. 2,煎；烤.

སླར＝ཡང་སླར [副] 1,再；重；復. 2,以後；將來.

སླར་སྐྲས [名] 1,髮；毛. 2,指甲；爪.

སླར་བསྡུ 亦名རྫོགས་སྡུད, རྫོགས་ཚིག [名]終語字，藏文每段之末，常加此以表語氣終了，字凡十一，即གོ་ངོ་དོ་ནོ་བོ་མོ་འོ་རོ་ལོ་སོ་ཏོ.

སླར་འབྱུང [名]1.復生；再生. 2.再醮之寡婦.

སླས [名]1.宮中或貴婦之侍從. 2.從人；侍者.

སླི[名]1.紅黃之蘋果；印度蘋果. 2.櫻桃. 3.སླི་ཏོ，李子.

སླུ་བ 完成式བསླུས，未來式བསླུ，命令式སླུས. [動]誘惑；引誘；勾誘.

སླུ་ཁྲིད [名]1.誘惑；引誘. 2.誘物；餌.

སླེ=ཚར，ཚེར[名]粗氈.

སླེ་ཏྲེས [名]1.一種藤爬植物.

སླེ་བོ，སླེ་བ或སླེ་བོ [名]平籃.

སླེ་བ [動]འསླེ་བ完成式སྲེས་བ，紐；辮；織；編；紮. [形]脫節；扭歪.

སླེ་བོ [名]1.肢體脫節者. 2.竹籃.

སླེ་མིག [名]挖出之眼.

སླེ་ཉ或སླེ་མོ=ཕྱིར་ཁྲོ[名]粗羊毛之條紋毯.

སླེ་ཡོན [名] 邪曲狡猾；欺詐；奸計.

སླེད [名] 編針.

སླེབ 或 སླེབ་པ 完成式為 བསླེབས, 與 འབྱོར་བ同. 1, 到；抵達. 2, 入；收入.

སློ [名] 羊肚中之容納物.

སློ་མ [名] 簸穀籃.

སློག་པ [名] 1, 皮衣；羊皮袍；羔皮袍. 2, 參看 སློག་པ, [動] 完成式 བསློགས 未來式 བསློག, 為 ལྡོག་པ 之他動, 顛倒；翻轉；轉過.

སློང, སློང་བ [動] (1) 完成式 བསླངས, སློངས, 未來式 བསླང 或 སློང, 命令式 སློང 或 སློངས, 為 ལང་བ 之他動, 1, 使升起；助升起. 2, 喚起；刺激. 3, 發；生. (病) 4, 建立；豎立；建築. (2) 1, 祈求；懇求；需要. 2, 集；積(財產) 3, 探傷；審查. 4, 給與.

སློང་མོ [名] 施捨物；乞求.

སློད་པ

སློན་པ = ཟློག་པ [動] 1, 遂回；驅回；回轉. 2, 整補. 3, 推出；撞出.

青海省政府印刷局印

སློབ་པ། 完成式 བསླབས，未來式 བསླབ，命令式 སློབ 或 སློབས [動] 學習；教授. [名] 1, 學習. 2, 教師；師傅.

སློབ་གྲྭ [名] 學校.

སློབ་བརྒྱུད [名] 宗教上之承繼或傳授.

སློབ་གཉེར [名] 學生；弟子.

སློབ་དཔོན [名] 教師；教員；教授.

སློབ་མ [名] 弟子；學生.

སློབས [動] 為སློབ་པ之命令式. 練習；實行；常行.

གསག་པ [動] 1, 縫攏. 2, 蓄集.

གསང，གསང་བ [形] 秘密；隱藏. [名] 1, 私處. 2, 遮私處之布.

གསང་སྔགས [名] 符咒；密咒.

གསང་ཆེན [名] 1, 精於秘教儀規及法術者. 2, 諳熟秘教者.

གསང་སྤྱོད [名] 1, 廁所. 2, འཁྲིག་པ, 交媾.

གསང་བ [動] 1, 秘密工作. 2, 隱匿. [名] 1, 私事；機密；秘密；秘教. 2, 私處. [形] 秘密；隱藏.

གསད [動] 熄；滅；吹滅.

གསད་པ 1,[名]死亡。2,參看གསོད.

གསན་པ 命令式 གསོན་པ,[動] 聽；聞.

གསབ་པ, ཁ་གསབ་པ [動] 答；答覆.

གསའ, བསའ [名] 雪豹.

གསར་པ 或 གསར་བ, [形] 1,新；新鮮. 2,幼；少. 3,佳；美.

གསར་མ [名] 1,現代；近世；新式. 2,西藏佛教之新派；黃教.

གསལ [形] 分離；分開.

གསལ་ཁ [名] 音信；消息.

གསལ་ཆ [名] 消息；新聞；音信.

གསལ་བ [形] 1,或作 གསལ་པོ,清朗；光明；明顯；純潔；清楚. 2,རྒྱས་པ,全開放；豐富. 3,＝བཞག་པ. 擱置.

གསལ་བྱེད [名] 1,＝ཨིག. 2,子音.

གསལ་ལམ [形] 順利；興旺.

གསལ་མེ [名] 燈；燭.

གསལ་ཤིང [名] 刺死犯人之尖杖.

གསིག 或 བསིག་པ,[動] 向後搖或拋.

青海省政府印刷局印

གསིང་མ [名] 1, 米或穀酒. 2, 牧場; 草地. 3, 沼; 澤地. 4, 花名.

གསིར་བ, བསིར་བ, [動] 1, 急旋; 轉. 2, 使平; 推光; (以刀刨) 3, 滑過; 流.

གསིལ་བ [動] 1, བསྒྲུར་བ, 相乘. 2, 分開; 裂開. 3, 撞鐘; 奏; 使發聲. [形] 或　　參看

གསིལ་ཤིང [名] 秘教僧侶所持之杖. (上有銅鈴)

གསུག་པ, གསུག [名] 1, =བཙང་ཟ 賄賂; 行賂. 2, 報酬.

གསུང=ངག 或 ལུང, [名] 1, 教誡; 教規; 戒; 箴言. 2, 言語; 意見. 3, 談話; 言說.

གསུང་གྱིགས, བཀའ་ཤོག [名] 執照; 契據.

གསུང་མཆིད=བཀའ་མཆིད [名] 語言; 談論.

གསུང་བ 完成式 གསུངས, 命令式 སུངས, [動] 1, 談; 說; 語; 云. 2, 解釋; 講明. 3, 詢問.

གསུང་རབ [名] 說法; 講道; 聖書; 聖經.

གསུད་པ [名] 一種宪列位; 積食. [動] 1, 消滅; 損失. 2, 食過多; 飽食; 塞滿.

གསུམ [形] 三. གསུམ་ཁ, གསུམ་ག 此三者.

གསུམ་སྦྲ [名] གསུམ་སྦྲ蜜蜂；蠅.

གསུམ་སླེགས [名] 吠陀頌.

གསུམ་པ [形] 第三；第三者.

གསུར་མ [名] 燒燎之物.

གསུས་པ [名] 腹；肚.

གསེ་བ 1,參看སེ་བ. 2,參看གསེད་པ.

གསེ་རུ 代 བསེ་རུ, [名] 犀牛.

གསེག་བརྡར [名] 銼刀. 參看

གསེག་མ [名] 1,糖. 2,圓石；石子.

གསེག་བ་ཤིང = མཁར་བསིལ, [名] 托鉢僧之杖.

གསེང, སེང [名] 間隙；裂隙；罅隙；孔；開口處.

[形] 1,諧聲；悅耳. 2,尖銳；敏捷.

གསེང་པ [形] 有孔；有縫；有罅隙.

གསེང་པོ [形] 小心；謹慎.

གསེང་བ 為 གསང་བ 之俗寫. [動] 守秘密；隱藏.

གསེང་ཡབ [名] 看樓.

གསེད [名]

གསེད་པ [動] 選；揀；分類；拔.

青海省政府印刷局印

གསེབ=སེབ,[名] 1,馬種；公駝. 2,兩人或兩物之間隙. 3,羣；衆.

གསེབ་ལམ[名] 深林之徑；秘密道；私徑；僻道.

གསེར[名] 金；黃金.

གསེར་སྐུད[名] 1,兔絲草. 2,金綫.

གསེར་ཁ[名] 1,金礦. 2,金色.

གསེར་ཁྲི[名] 寶座；教主之座位；金椅.

གསེར་མཁར[名] 皇宮.

གསེར་མགར, གསེར་མཁན, [名] 金工.

གསེར་ཆུ[名] 1,溶金；金之液體. 2,鍍金.

གསེར་ཏིག[名] 一種藥草.

གསེར་ཏོག[名] 金徽章；金鈕扣.

གསེར་ཐལ [名] 金銹.

གསེར་རྡོ [名] 金礦.

གསེར་པ[名] 1,淘金者. 2,金商.

གསེར་ཕུར[名] 北極星；恆星.

གསེར་ཕུད[名] 一種作吐劑之藥草.

གསེར་བྱ [名] 金色鳥.

གསེར་བྱེ [名] 金沙；含金之沙.

གསེར་སྐྱུ་རངས [名] 純金.

གསེར་ཐིལ [名] 密陀僧.(药)

གསེར་ཞལ [名] 金顏 (對國王后妃達官及喇嘛之字)

གསེར་ཡིག [名] 金信；(皇家之信札) 金冊.

གསེར་ཤོག [名] 金葉；金箔.

གསེས [名] རིམ, 等級；第；品. [形] 相互.

གསོ་དཔྱད [名] 醫藥；療治之方法.

གསོ་སྐྱུད [名] 1, 治療之術. 2, 養育；撫養.

གསོ་བ 完成式 གསོས 或 བསོས = འཚོ་བ [動] 1, 教養；撫養；養育；培養. 2, 修補；整. 3, 醫治.

གསོ་བྱེད [名] 醫藥；醫生.

གསོ་རིག 或 གསོ་བ་རིག་པ [名] 醫科；醫學明；治療術.

༡༣༠ གསོག་པ 參看 སོག་པ [名] 完成式 བསག 或 བསགས, [動] 積集；積蓄.

གསོང་པོ [形] དྲང་པོ 正直；誠實. [名] སྔར་སྨྲ་བ, 預言者.

གསོངས 為 གསང་བ 之命令式.

གསོད་པ 完成式 བསད, 未來式 གསད, 命令式 སོད, [動]

殺戮；殺害；謀害.

གསོད་བྱེད [名] 1,謀殺者；殺戮者. 2,死神.

གསོད་པོ [形] 舒服.

གསོན [名]代 གསོན་པ或གསོན་པོ [動]為གསན་པ之命令式.

གསོན་པ [動] 1,生；生存；活. 2,喚醒；催促；逼迫. [名] 或གསོན་པ 生命；生活. [形] 1,生存；活. 2,精神復振. 3,完全；囫圇；未分開.

གསོན་མ 俗語中代 གསོན་པོ [形] 活.

གསོབ [形] 空；虛；膨脹.

གསོབ་པ 完成式 བསབ, 未來式 གསབ, [動] 填寫；補足；供給. 2,完成；組成. 3,付還 償還. 4,醫治.

གསོམ་ཤིང=ཐང་ཤིང[名] 松.

གསོར 或 འཁོར་གསོར[名] 磋；鑽；手鑿. 為གསོབ 之變體.

གསོར་བ [動] 揮；舞；旋.

གསོལ 代 གསོལ་བ.

གསོལ་ཆེན [名] 大賽會；大節日.

གསོལ་པ=སྨྲས་པ [動] 言；說；講.

གསོལ་བ [動] 1,=ཞུ་བ, 請求；請問；懇請. 2,穿；着. 3,食；進食；獻食；飲；下；投藥. 4,置；放 [名] 1,=ཞུས་པ,懇求；祈求. 2,食物. 3,此字加于食物或用具之前,表示敬語,如：གསོལ་རས；གསོལ་ཇ等.

གསོས་པ 完成式 བསོས་པ 參看 གསོ་བ. [動] 撫養；養育.

གསོས་མ [名] 醫治；醫藥.

བསག་པ 完成式 བསགས, [動] 積集. 參看 གསོག 與 སོགས

བསང་ཟུ 與 ཟན 同, [名] 食物.

བསངས [名] 香料；乳香. [動] 完成式 སངས 使潔；除去.

བསད་པ [動] 與 [名] 殺戮.

བསབ་པ 完成式 བསབས = འཇལ་བ, [動] 付還；償還；報達,

བསམ 或 བསམ་པ [名] 1,思想；思索；希望；幻想. 2,心意；意志. 3,心；心靈.

བསམ་པ 為 སེམས་པ 之未來式 [動] 思；想；思索.

བསམ་གཏན [名] 定；靜慮.

བསམ་མནོ 或 བསམ་བློ, [名] 思想；思慮；欲.

བསམ་སྒྲུར [名] 計謀；計劃；圖行；圖謀.

青海省政府印刷局印

བསམ་ཨ་བསེའུ [名] 精囊.

བསའ 参看 གསའ.

བསར་བ = བྲལ་སྒྲིག་པ [名] 與 [動] 排列; 布置; 整理.

བསལ་བ = སྒྲེས་པ, [動] 1,宣布; 泄漏; 清除; 除去. 2, སྒྲོགས་པ, 通知; 以號鼓通知.

བསིག་པ 完成式 བསིགས, [動] 搞.

བསིད་པ [動] 1,修理; 整理; 修整. 2,為 གསིད་པ 之完成式.

བསིར་བ, གསིར་བ [名] 吮; 啜.

བསིལ་ཁང = ཡང་ཐོག [名] 1,圓屋頂; 屋頂之小塔. 2,冷食; 歇涼處.

བསིལ་བ [動] 1,割; 切. 2,使冷; 使涼. 3,與 འཁྲུད་པ 同,洗滌. 4,流; 滴. [形] 與 [名] 凉决; 冷.

བསིལ་ཟླ [名] 與 [形] 冷; 凉.

བསིལ་གཡབ [名] 扇子.

བསུ 完成式 བསུས, = ཞབས་བསུ, [動] 迎; 接迎.

བསུ་མི [名] 護送者.

བསུ་སྨན [名] 灌腸藥水.

བསུང = དྲི་བཟང་པོ་ [名] 芬芳.

བསུན་བསྐྱུར [名] 放蕩之生活；淫佚之罪.

བསུན་པ [形] 淫佚；放蕩.

བསུབ་པ 完成式 བསུབས, [動] 塗抹.

བསུམ་པ [動] 1, འཛུམ་པ, 微笑. 2, སུམ་པ, 關閉.

བསུར་སྐྱིག = བསུ་སྨན, [名] 灌腸藥水.

བསུས་པ 為 གསུས་པ 之誤 [名] 腹；肚.

བསེ 1, 代 སེ་བ. 2, 代 བསེ་རུ.

བསེ་མོ [名] 黃鼠狼.

བསེ་ཡབ [名] 酸李乾.(藥)

བསེ་རུ [名] 1, 犀牛. 2, 蠢笨之鹿. 3, 一種入藥之穀類.

བསེགས [動] 自一邊來；經過；相撞.

བསེང་བ, ཁམས་བསེང་བ [動] 喚醒；恢復精神；鼓舞.

བསེད་པ 參看 གསེད་པ, [動] 辨別；分類.

བསེན་མོ, མོ་གདོན, [名] 女魔.

བསེར [動] མདའ་བསེར 察看；視察.(箭是否彎曲) [名] 或作 བསེར་བུ 與 སྐྱང 同, 1, 風；冷.

青海省政府印刷局印

བསེར་མ=རླུང [名]胃中之氣.

བསེར་མོ [形]冷.

བསེལ [名]=སྐྱེལ་མ 從人；侍從；護送者. [動]預防危險.

བསེལ་བ [名]保衛者.

བསོ་བ, ངལ་བསོ་བ [動]休息；休養.

བསོག་པ為སོག་པ之他式，完成式བསགས或བསོགས[動]積集；積蓄.

བསོང་པོ=དྲང་པོ[形]正直；誠實.

བསོད་སྙོམས[名]施食；布施；贈施之物或銀錢. [形]享受過度.

བསོད་ནམས[名]福德；功德；善行.

བསོད་པ=བཟང་པོ [形]佳美；快意；悅目. [動]喜悅；愛.

བསོལ

བསོས, གསོས་པ[名]賠償；補償；養傷費. [動]1,重造. 2,為གསོས་པ之完成式，賠償損失；恢復健康.

བསྲང་པོ [形] 公平；正直.

བསྲང་བ 完成式བསྲངས，[動] 使直.

བསྲད་པ參看བསྲོད་པ.

བསྲན་པ＝བཟོད་པ [形]忍耐；忍受. [動]參看སྲན་པ，修忍；習忍耐.

བསྲབ་པ 完成式བསྲབས་པ，[動]1，縮小；減少. 2，參看སྲབ，約束；管束；禁止；加縛.

བསྲལ་བ[動] 分開；分類；選擇.

བསྲི་བ 完成式བསྲིས [動]節約；儉省.

བསྲིས་པ＝བཀྲེན་པ [名]吝嗇.

བསྲུང་བ完成式བསྲུངས [動]守護；防守. [名] 1，保衛者；防患者；護持者. 2，避邪符.

བསྲུང་མ，[名]護法；守護神.

བསྲུན་པ＝འདུལ，[形]馴服；有訓練；開化的.

བསྲུབ་པ[動]攪酥油.

བསྲེ་བ參看སྲེ་བ [動] 混合.

བསྲེག་པ 參看སྲེག.

བསྲེལ，འཚང་བ，[動] 維持；保持；保管.

青海省政府印刷局印

བསྲེས་པ=འདྲེས་པ [形] 混合. [名] 混合物.

བསྲོ་བ 參看སྲོ་བ 完成式བསྲོས, [動] 曬; 烘; 烤.

བསྲོད་པ=སྲོ་བ [動] 使乾; 曬乾.

བསླ་བ 參看སླ་བ.

བསླང་བ=བསྒྲེང་བ, 參看སློང་བ 完成式བསླངས, [動] 升起; 舉起.

བསླངས 為 སློང་བ 之完成式.

བསླད་པ [動] 1, 使腐; 敗壞; 損壞; 玷污. 2, 以劣質雜入金銀中.

བསླན=བསྡུས་པ; [動] 積集.

བསླབ་སྟོན=བཀའ་བགྲོས, [名] 商議; 教授; 教訓.

བསླབ་པ [名] 1, 教育; 學; 科學. 2, 訓練; 教化. 3, 教義; 教旨. [動] 參看

བསླབ་བྱ [名] 學問; 教義; 戒; 法.

བསླབས 為 སླབ་པ 之完成式

བསླུ་བ 參看སླུ་བ, 完成式 བསླུས་པ, 命令式 སླུས [動] 1, 贖; 贖回. 2, 引誘; 誘陷.

བསླུས 為 སླུ་བ 之完成式.

བསློག 參看 སློག་པ.

བསྐྲོགས為སྐྲོག་པ之完成式.

青海省政府印刷局印

ཧ

ཧ [歎]=ཨ་མ 呼嗚；呵. [名] 氣息；呼吸之氣.

ཧ་གོ་བ [動] 領悟；了解；懂.

ཧ་ཅང [副] 甚；頗；極；過分過度；太多.

ཧ་ཅེ [副] 總共；全體.

ཧ་པོ [名] 一種藥草.

ཧ་ཡིགས [名] 災難；禍患.

ཧ་ར [名] 賭骰.

ཧ་རི [名] 鷓鴣.

ཧ་རེ [名] 像；偶像.

ཧ་ལ 或 ཧ་ལ་ཧ་ལ [名] 毒.

ཧ་ལམ=ཕལ་ཆེར [副] 約；大半；將近；恰；頗；極.

ཧ་ལས་པ=ཡ་མཚན་པ [形] 驚奇；稀奇；稀有.

ཧ་ལོ=མེ་ཏོག་ཧ་ལོ [名] 木芙蓉.

ཧ་ཤིག [名] 滑石.

ཧ་སག [名] 哈薩克人.

ཧ་ཧ་ཧོ, སྡུག་བསྔལ་བ, [名] 苦；痛苦；不幸.

ཧྭ, ཀོལ་ཅིའི་ཧྭ [名]衣領.

ཧང [形]空；虛(俗語)

ཧང་བ [動]氣逆.

ཧང་ཡོན [名]一種磚茶.

ཧད [形]1.忽然. 2.任其停歇；可置不理. 3.滾去.

ཧད་དེ [動]驚愕而視；驚愕失覺.

ཧད་སྙིང [名]果名.

ཧན་ལྡང [名]不清楚而無意義之語言. [形]1.啞；不能言. 2.怯懦；庸.

ཧན་ཧོན, ཧན་ཧེན [形]盛怒；極怒.

ཧབ [形]一口；滿口.

ཧབ་བཀྲེད [名]饑餓者；窮困者.

ཧབ་ཤེ [名]凶暴；凶惡.

ཧམ་པ [名]或[形]1.貪；貪婪. 2.力；勢；暴力；強暴. 3.勇敢；勇武.

ཧར, ཧར་སངས [副]忽然；猝然.

ཧས [名]誇張；大言.

ཧས་པ [名]相異；不合；錯誤；疑慮.

青海省政府印刷局印

ཧ་ར [名] 鑽石；金剛石.

ཧ་རེ [名] 倉廩.

ཧ་ལོང [名] 聲音；大聲.

ཧི་ཧི [歎] 1.厭煩之笑. 2.怒.

ཧི་རི་ཀ [名] 胸骨.

ཧིག 或 ཧིག་ག [名] 戰慄或哭泣之行為.

ཧུ [名] 1.一種茶. 2.氣息.

ཧུ་ཧུ [名] 歎氣聲。

ཧུ་རེ་རེ [形] 凝視；目不轉睛.

ཧུང་ཧྲང [名] 金字塔；三角之圖.（秘教中者）

ཧུན [名] 1.新聞；消息；報告. 2.開示；解釋. 3.意見；觀念.

ཧུབ [名] 1.潭；深淵. 2.一呷；一口.

ཧུར, ཧུར་རེ་ཧུར [形] 愣然凝視；睇視；驚愕之表示.

ཧུར་པ, ཧུར་པོ [形] 1.敏捷；迅速；靈巧. 2.性急；易感動；熱情.

ཧུས [名] 濕；濕氣.

ཧེ་བག [名] 1.=ཁྱད་པ, 差異；區別. 2.激怒；辱罵.

ཧེ་ཧེ [歎]嚜 嚜.(不自然之笑聲)

ཧེག་པོ [形]腐朽；腥臭；腐壞.

ཧེལ་པོ [形]濶大；寬；廣.

ཧོམ [名]焚施食.(酥油等)

ཧོང་ལེན [名]黃連.

ཧོན [名]一距離名.(約十里)

ཧོན་ཧོན [形]愚蠢；笨.

ཧོར [名]韃靼人；蒙古人.

ཧོར་ཁངས [名]1.缺乏.2.破口；缺憾.

ཧོར་ཚམས 皮製有漆之盒；桶等.

ཧོར་ཏིང [名]蒙古之長圓杯.

ཧོར་དུ [名]蒙古之營幕.

ཧོར་པ [名]北部之藏人；北部之牧人.

ཧོར་སྣ [名]土爾其斯坦之粗氈毯.

ཧོལ་པ [動]鬆土；翻土；鋤土.

ཧྲག=དབར或སྲུབས, [名]罅隙；裂隙.

ཧྲག་པ [形]堅；硬.

ཧྲང [形]1.ཐང་པོ, 強健；強壯. 2.單獨；獨一.

青海省政府印刷局印

ཧྲོང་པ [動] 1.抵制；遏止；強推；2.抓，3.努力.

ཧྲབ་ཧྲིབ་[illegible]

ཧྲལ [動] 撕；裂

ཧྲལ་བ [動] 撕成塊；撕裂人體.

ཧྲེ [名] 1.ངོ་ཚ 慚；羞恥. 2.本質；實質.

ཧྲེག་པ [動] 懸；吊；縊.

ཧྲིག་ཧྲིག [副] 凝視；諦視.

ཧྲིལ་པོ [形] 1.圓；球形. 2.全整. 3.密接；攏.

ཧྲོང་བ [形] 1.粗糙；崎嶇. 2.嚴；嚴切.

ཧྲུམ་པ [動] 打碎；破裂.

ཧྲུལ་བ་ཧྲུལ་པོ [動]與[名] 1.撕碎；碎為布片；襤褸.
2.破布.

ཧྲོམ་པ [動]或[形] 腫脹.

ཧྲོབ [名] 塊；粒；礫.

ལྷ [名] 天；神；諸神.

ལྷ་ཁང [名] 廟；佛堂；神龕.

ལྷ་ཚོས [名] 與信同送之綠哈達.

ལྷ་ང [名] 膝蓋.

ལྷ་གཅིག [名]1.大人；陛下；閣下；夫人. 2.親愛之主或王.

ལྷ་ལྕམ [名]公主；夫人；貴婦.

ལྷ་རྗེ [名]醫生.

ལྷ་གཉེར = སྐུ་གཉེར, [名]主持.

ལྷ་རྟེན, [名]神像；塔；廟.

ལྷ་བད [名]惛亂病；顛狂.

ལྷ་པ [名]巫.

ལྷ་བ [名]樹脂；樹膠. [動]使軟；扰腸.

ལྷ་མིན, ལྷ་མ་ཡིན [名]非天；阿修羅.

ལྷ་མོ [名]1.女神. 2.貴婦；公主.

ལྷ་རྫས [名]與信同送之綠哈噠.

ལྷ་བཟོ [名]塑工；畫工.

ལྷ་རས = ལྷ་གོས, [名]緞；綾；手巾(王及神用者)

ལྷ་རུ [名]軟骨.

ལྷ་རིག = ལྷ་གོས [名]綠哈噠.

ལྷ་ལུགས[名] = ལུགས་སྲོལ, 風俗；習慣.

ལྷ་ས [名]拉薩.(西藏之首府)

ལྷ་སྲུང [名]護持神；護法.

青海省政府印刷局印

ལྷག་པ [形與副] 十分；非常；更多；甚過；超越. [名] 水星.

ལྷག་པར [副] 更大；更多；尤其.

ལྷག་འབྱོར [名] 殷富；富足.

ལྷག་མ [名] 剩餘；盈溢；過度.

ལྷག་མེད [形] 全；統；總；無餘. [名] 全部；全體.

ལྷགས་པ [名] =ཧྲང, 風；冷風. [動] 1/ 行近；相遇；集會. 2/ 相接；毗連.

ལྷང་ངེ [形] 明亮；明白；清楚.

ལྷང་ལྷང [名] 清楚聲音.

ལྷད [名] 1/ 插入；添入；滲入. 2/ 滲雜入；混入佳質中之劣質.

ལྷན [副] 偕；同；俱；聯合.

ལྷན་ཚོགས [名] 會；社；國務會議.

ལྷན་ཅིག [副] 共同；統共；總概.

ལྷན་ནེ = ལྷང་རེ.

ལྷབ་ལྷུབ [形] 1/ 過度之裝飾. 2/ 襤褸. 3/ 寬大；飄揚.

ལྷབས [形] 中間；中心.

ལྷམ [名] 靴；鞋.

ལྷམ་གྱིས [副] 忽然 [形] 全體；一切.

ལྷས [名] 圈；畜圈；欄.

ལྷས་པ 參看 སྦྲས་པ.

ལྷས་མ [名] 1,編織之帶；辮條工. 2,麻花(食物)

3,繩.

ལྷིང་བ 或 ལྷིངས་པ [形] 1,堅定；强. 2,不變；有恆.

ལྷུ [名] 獸體之一塊；肉塊.

ལྷུག་པ 參看 ལྷུག་པ,[動] 傾出.

ལྷུག་པ 1,=སྣོད་པ. 2,[名] 亦作ལྷུག་མ,散文.

ལྷུག་པོ [形] 1,豐富；2,散布. 3,逸樂；奢侈. 4,未繫

放鬆.

ལྷུགས [形] 1,繼續. 2,無間隙；未阻斷. 3,未貯藏.

ལྷུང་བ 為 ལྟུང་བ 之完成式.

ལྷུང་ལྷུང [名] 瀑布；小瀑布；溪流. [形] 潺潺.

ལྷུང་བཟེད =སྣང་ཡོར [名] 鉢.

ལྷུན་ཆགས [形] 不變.

ལྷུན་པོ [名] 山；小山；堆；丘.

ལྷུམས་=མངལ [名] 胎；子宮.

ལྷུར་ [名] 供奉；虔誠.

ལྷེ་བ 參看སླེ་བ.

ལྷེ་ན་པ [名] 腹部；胸以下之部.

ལྷེབ [名] 喘氣；噎氣.

ལྷེམ [副] 剛纔；此刻；目今.

ལྷེམ་ལྷེམ=ལྷེབ་ལྷེབ, [名] 如魚之吐水噎氣.

ལྷེས་མ=སླེས་མ [名] 編織；扭之動作.

ལྷོ [名] 南方；南.

ལྷོག [名]=སློག་པ, 致命之病；大潰瘡；瘍，梅毒.

ལྷོགས 為སློག་པ之命令式

ལྷོང་ [名] 1.危險. 2.怒；忿怒.

ལྷོད་, ལྷོད་པོ [形] 1.鬆，遲緩. 2.安舒；不願.

ལྷོན་པ=སློན་པ [動] 付還；償還.

ཨ

ཨ 1,此為藏文韻母之一，但列入子音，藏文字母均從此字之韻，故此字在字母中最為重要。

2,白話中此字常加于親屬稱謂字之前.

ཨ [呼詞] 貴人對下級人之應聲.

ཨ་ཀམ [名] མེ་ཤིང, 薪；柴.

ཨ་ཀྲད [名] 補鞋及箱之皮；舊鞋之皮.

ཨ་ཀྲོང 一種藥或香料之名.

ཨ་ཁ, ཨ་ཁ་ཁ 與 ཨ་ཁག, [歎] 唉!(表示失敗及錯誤之感歎語)

ཨ་ཁུ [名] 伯；叔.

ཨ་ག་རུ [名] 速香；沉香；茄楠木香.

ཨ་སྐོར [名] 婦女之耳飾.

ཨ་ཙུག [名] 踝骨. [歎] 表示猝來痛苦之字.

ཨ་ཙང = ཙམ [副] 自然；然；心如此.

ཨ་ཅེ, ཨ་ཆེ = ཨ་ཇེ [名] 1,夫人. 2,姊姊.

ཨ་ཚ, ཨ་ཚ་ཚ [歎] 因寒冷而受痛苦之表示.

ཨ་ཆེ [名] 1,姊. 2,夫人. 3,妻；妾.

青海省政府印刷局印

ཨ་མཆོད [名]寺院中每日作佛事之僧侶.

ཨ་ཇོ, ཇོ་ཇོ [名]1,長兄. 2,朋友. 3,夫人; 閣下; 先生

ཨ་ཅོགས [名]桌.

ཨ་རོན=སྐྱེ་བ་མེད་པ [形]不生; 自存; 非造作者.

ཨ་དྲུང [名]1,རྟ་གཡོག 馬夫; 圉人. 2,驛夫.

ཨ་ཐན [名]矮人; 小人.

ཨ་ཇུ [名]對貴婦之稱呼.

ཨ་ནེ [名]1,嬸娘; 伯母; 姑母; 姨母. 2,對尼姑及貴婦之稱呼.

ཨ་ཕ [名]=ཨ་པ 父親. [歎]表示憐愍或慈愛之字.

ཨ་ཕི [歎]呀! (表示稀有或驚奇之字)

ཨ་ཕོ [名]少夫; 西藏老婦人之少年夫.

ཨ་ཕྱི或ཨ་བྱ [名]無尾之地鼠.

ཨ་བ [名]1,父親. 2,未闇之動物.

ཨ་ཕིམ [名]鴉片.

ཨ་ཕྱི=ཕྱི་མོ [名]祖母; 外祖母.

ཨ་ཕྱིམ [名]老嫗; 主母. [形]美觀.

ཨ་ཕྲག=ཨ་མ་ཕྲག [名]藏人衣中之胸袋.

ཨ་པང་, པང་པོ [名]姑丈；姨丈.

ཨ་བྲག [名]藥名.

ཨ་འབྲས [名]龍眼；桂實.

ཨ་མ 為མ之俗字 [名]母親.

ཨ་ཡང [歎]表示憂愁之字.

ཨ་མྲ [名]芒果；柿.

ཨ་ཙི 或ཨ་ཙི་མ, [歎]表示驚奇或憐憫之字.

ཨ་ཙེ [歎]表示驚奇之字.

ཨ་ཙི་ཚི [歎]表示後悔之字.

ཨ་ཚ 或ཨ་ཚ་ཚ, [歎]表示酷熱或烈火痛苦之字.

ཨ་ཞང 俗語代ཞང་པོ [名]舅父.

ཨ་ལུ=ཁ་ལུ [形]無角.(獸)

ཨ་ར [歎]表示身體所受痛苦之字.

ཨ་རག [名]烈酒；麥酒；燒酒.

ཨ་རུ, ཨ་རུ་ར [名]柯子.

ཨ་རྒམ [名]一種大蒜(開灰紅花)

ཨ་རེ [歎]1,=ཁ་རེ 呵,朋友.(嘲笑語中) 2,表示驚奇之字.

ཨ་རོགས [歎] 喂！（呼人之詞）

ཨ་ལི=ཨ་ལིད [名]母音組.

ཨ་ལིག [形]少許. [名]小孩.

ཨ་ལུང=ཨ་ལོང [名]圈；環.

ཨ་ལེ=ཨ་ཙི [歎]表示驚奇之字.

ཨ་ལོང [名]環；手釧.

ཨ་ཤད=གཏུམ་མོ [形]兇猛；强悪.

ཨ་ཤུ [名]黄梅.

ཨ་ཤེ [名]上品哈達.

ཨ་སམ [名]濃湯.

ཨ་སྲུ 代 སྲུ་མོ [名]1.姑母；伯母；嬸母. 2.嫂.

ཨག་ཚོམ=འག་ཚོམ [名]髭；鬚.

ཨང [名]胯部；臀部。[歎]呵；那末.

ཨང་ཀི [名]數字；數目；零.

ཨན [名]白粉；粉筆.

ཨན་སྐྱོང=སྐེ་ཚིགས་དང་པོ [名]頸脊椎.

ཨན་གོས [名]扣；鐮扣.

ཨན་འདར [名]1.板；線板. 2.一種樣；一種

鐵刑具.

ཨམ་ཕྲག [名]藏人之胸袋.

ཨམ་བན [名]欽差.

ཨམ་ཆེ་ཀྱིགས [形]以上齒咬下唇狀.(表示忿怒或沮喪)

ཨར་ཀ或ཨར་ག [名]小石與油所砌之地.

ཨར་སྐྱུ [名]一種香樹.(出乳香,能入藥).

ཨར་གོར [名]不同輩者(同祖宗);不同教者;不同國者.

ཨར་ཏི [名]從阿薩輸入之生綢.

ཨར་ནག [名]沉香.

ཨར་པ [名]盜賊;匪.

ཨར་ཨོ [名]鳥名.

ཨལ་ལྟ 代 ད་ལྟ [副]1,現今;目今. 2,今日.

ཨལ་ཏེང [名]粗重之物.

ཨལ་ལ་ལ, ཨ་ལ་ལ, [歎]贊人之字.(如聰明勤奮等)

ཨི [名]=ཆང 酒.

ཨི་ཁྲིག=ཨིག [名]咳逆;悲咽.

ཨེམ་ཆི [名]醫生.

ཨུ

ཨུ་རྒྱན=དབུ་རྒྱན[名]冠；頭飾。

ཨུ་ཅུག[形]堅持；固執

ཨུ་ཏྲུ[名]茶壺.

ཨུ་མ[名]宇摩女神.

ཨུ་ཚུགས=མགོ་དྲག[名]堅執；固持.

ཨུག་ཚེར[名]花名.

ཨུང་ཀྲུ[名]油燈.

ཨུར་ཆུང=བཙུན་ཆུང[名]青年和尚。

ཨུར་སྒྲག參看འུར་སྒྲག.

ཨུར་ཐུ[名]熱粉粥；發酵之麥糊.

ཨུར་རྡོ參看འུར་རྡོ.

ཨེ此為表示疑問之字，常加于動詞之前，如ཨེ་ཡོད.

ཨེ་མ，ཨེ་མའོ，ཨེ་མ་ཧོ[歎]表示憐憫或驚奇之歎詞.

ཨེ་ཝྃ[副]是，然，無疑.

ཨེ་ལ[名]石榴.

ཨེན=ཏྲང་ཟད.

ཨེར་ཏེ[形]迅速；快。

ཨེམ་ཆི [名] 醫生.

ཨེ་ར་ཀ 參看 ཨ་ར་ཀ.

ཨོ་ལྟོང 或 ཏ་ཏོང [名] 氣管.

ཨོ་ལོ [名] 1,小孩. 2,陶器茶壺. 3,兩河滙之處.

ཨོག་ཅྲ [名] 鬍鬚.

ཨོག་མ = སྐོག་མ [名] 頸；喉.

ཨོང་བུ [名] 燈, ཨོང་རས, 燈心.

ཨོང་ལོག [名] 松雞.

ཨོལ་སྐོ [名] 下頷.

ཨོལ་མདུད [名] 喉頭.

ཨོལ་མ [名] 喉；氣管.

青海省政府印刷局印

།སྨྲས་པ། སྣ་ཚོགས་ལས་ཀྱི་ཕྲེང་པོས་འདུ་བྱས་པའི།།
སྲིད་པ་ཉམ་ངའི་སྤྱང་མ་ཐང་ཆེན་དུ། །སྡུག་བསྔལ་
ཚ་བས་ཉམ་ཐག་འགྲོ་རྣམས་ལ། །ཕན་བདེའི་གྲིབ་
བསིལ་ཆོས་ལས་གཞན་ཡོད་མིན། །དེ་ཕྱིར་རྣམ་དག་
གཞུང་བརྒྱའི་ཆུ་གཏེར་ལས། །ཉེར་མཁོའི་མིང་ཚིག་
རིན་ཆེན་སིལ་མའི་ཚོགས། །གཞན་ལ་ཕན་འདོད་…
བྱམས་བརྩེའི་གྲུ་གཟིངས་ཀྱིས། །དྲངས་ཏེ་འདུན་ལྡན་
དགའ་བའི་སྐྱེས་སུ་སྤེལ། །བོད་ཡུལ་མདོ་དབུས་གདན་
ས་ཆེ་རྣམས་སུ། །མཁས་པའི་མཁས་པ་རྒྱ་མཚོའི་
རྒྱལ་སྐྱིད་གྲངས། །བཞུགས་བཞིན་བདག་འདྲས་རྩོམ་
པའི་ཁུར་འཛིན་པ། །འོས་པ་མིན་ཀྱང་སྔོན་ཆད་རྒྱ་
བོད་ཀྱི། །སྐད་གཉིས་ཤན་སྦྱར་འདི་འདྲ་མ་བྱུང་ཕྱིར།།
བདག་དང་སྐལ་བ་མཉམ་པ་གཞན་ལ་ཡང་། །ཕན་པ་
སྲིད་སྙམ་ཚུལ་འདིར་ངལ་བ་ལས། །རང་ཉིད་མཁས་པའི་
གྲགས་པ་འདོད་པས་མིན། །འོན་ཀྱང་བདག་ནི་སྐྱེས་
སྦྱང་ཤེས་རབ་དམན། །གཞུང་མང་བལྟ་བའི་བློ་མིག་
ཆེས་བཏུལ་བས། །ཉེས་སྐྱོན་གང་མཆིས་ཟུར་གནས་
མཁས་རྣམས་ཀྱིས། །མི་ཁྲེལ་བརྩེ་བས་དགོངས་ཏེ…

藏漢辭典

下冊

青海省藏文研究社編

འཚོས་པར་མཛོད། །འདིར་འབད་གཅིག་ཏུ་དཀར་བའི་
ལེགས་བྱས་གང་། །རབ་གསལ་སྟོན་ཟླའི་འོད་ལ…
འགྲན་བཟོད་དེས། །འགྲོ་ཀུན་རྨོངས་པའི་མུན་ཚོགས་
མཐར་བྱེད་པའི། །ཤེས་རབ་འཇམ་པའི་དབྱངས་དང་
མཚུངས་ཐོབ་ཤོག ། ། །ཅེས་གསར་བསྒྲིགས་རྒྱ་བོད་
མིང་གི་རྒྱ་མཚོ་ཞེས་བྱ་བ་འདི་ནི། བདག་གི་བླ་མ་དམ་པ་རྣམས་ཀྱི་
བཀའ་དྲིན་ལས་བོད་ཡིག་བསླབས་ནས་ལོ་ཁ་ཤས་སོང་རྗེས། རང་གི…
བརྗེད་བྱང་གི་ཚུལ་དུ་བོད་ཡིག་རྒྱ་ཡིག་ཏུ་བསྒྱུར་བའི་མགོ་བརྩམ་འགའ་
ཞིག་བཟོས་པར། སླར་བདག་མིད་རིན་པོ་ཆེས་འདི་འདྲའི་སྤར་དུ་བཀོད་
དགོས་ཞེས་བཀའ་བསྩལ་དང་བོད་སོག་གི་ཡི་གེ་སློབ་གྲྭ་བ་རྣམས་
ནས་བསྐུལ་མ་བྱེད་རྐྱེན་སོགས་བརྟེན་ནས། མཚོ་སྔོན་ཞིང་ཆེན་གྱི་སྤྱི་
བདག་ཆེན་པོ་མ་ཀྲུ་ཞི་མཆོག་ནས་སྤར་གྱི་མཐུན་རྐྱེན་དངུལ་མང་པོ་
གནང་བས། ཡི་གེ་པ་ནི་རྡོང་ཡོན་ཏེ་དང་ཏའོ་ཡུན་སིན། སྤར་མཁན་
ཙུ་ཀྲང་ལྱོའུ་དཔའ་ཟླུ་སོགས་ནས་རབ་རྒྱལ་རྒྱ་སྤྲེལ་ལམ། ཀུན…
ནུ་མིན་གོས་ལོ་ཟླའི་ཚེས་བཟང་པོར་ཞིང་ཆེན་པོ་བྲང་འདྲི་ཉིད་ཀྱི་
སྤར་ཁང་ནས་འཇུག་སྒྲུབ་པར་བགྱིས་པ་དགེའོ། །

青海省政府印刷局印

中華民國二十一年十二月一日初版
藏漢小辭典上下兩册
每部定價洋叁元肆角
外埠酌加運費滙費
編輯者　青海楊質夫
出板者　青海省藏文研究社
發行者　青海省政府
印刷者　青海省政府印刷局